Piccola Biblioteca Oscar

MEN ON MEN

Antologia di racconti gay

A cura di Daniele Scalise

OSCAR MONDADORI

I edizione Piccola Biblioteca Oscar maggio 2002

ISBN 88-04-50509-5

Questo volume è stato stampato
presso Mondadori Printing S.p.A.
Stabilimento NSM - Cles (TN)
Stampato in Italia. Printed in Italy

www.mondadori.com/libri

Introduzione

Esiste una letteratura omosessuale?

Esiste davvero una letteratura omosessuale? La domanda suonerà forse brusca ma ha tuttavia il pregio di essere diretta e non tollera una replica stizzita, una scrollata di spalle, un sopracciglio alzato, un rifiuto sussiegoso e professorale. Ma probabilmente la vera questione è un'altra: esiste l'omosessualità? C'è infatti chi sinceramente ne dubita e chiede che il comportamento erotico-affettivo delle persone sia indicibile, socialmente indifferente e comunque non classificabile. Perché "fissarsi" sulla catalogazione delle pulsioni magari con l'intenzione, nemmeno tanto oscura, di consegnarle al fatale registro delle perversioni? Tante e tali sono le pulsioni che proprio non si capisce perché doverne affermare una, perché sottolinearla, lumeggiarla. Il ragionamento – diciamolo subito – non è proprio fesso. Prefigura una zona idilliaca e pacificata, lascia intravedere una vasta libertà di pensiero e suggerisce un modello di Città del Sole dove tutti vorremmo vivere e abbronzarci. Prototipo però che, ahinoi, si scontra con una dura realtà costruita da un'eterosessualità imposta, permanente e scontata. Urta con la disapprovazione, la negazione, la colpevolizzazione, la lapidazione (in senso metaforico ma anche concreto: per ulteriori informazioni chiedere alle autorità di Riad) dell'omosessualità. Quindi il ragionamento non sarà fesso ma mantiene un retrogusto o ingenuo o ipocrita. Sarebbe certo auspicabile poter dire: «Chissenefrega se sei gay o lesbica: prima di tutto (e soprattutto) sei una persona». Vien facile da replicare, però, che nell'idea contemporanea di "persona", l'orientamento sessuale ha obiettivamente (e forse sciaguratamente) una rilevanza di non poco conto. Un uomo o una donna eterosessuale costruiscono la propria identità sessuale in modo del tutto irriflessivo. Se nessuno afferma ripetutamente "sono eterosessuale" è per l'ovvia ragione che non ve n'è bisogno alcuno, essendo quel dato assolutamente ordinario, nel senso che è nell'ordine precostituito e mai discusso. Qualche problema sorge semmai quando quell'eterosessualità scontata viene – per celia o per gaffe – in qualche modo dubitata. Provate a dire a un etero: «Scusi, ma lei è... gay?». La reazione non è quasi mai quieta, quasi mai composta. Sorgono irritazioni, scoppiano proteste, appare di colpo un'indignazione incontenibile: «Iooo gay? Ma, dico, siamo matti?». Azzardatevi a scrivere che si dice che quel tale è omosessuale e vi troverete *ipso facto* impigliati nell'odiosa fattispecie della calunnia che comporta processi, avvocati e milioni di euro da pagare. Insomma: attribuire l'omosessualità a qualcuno è come accusarlo di furto, di stupro, di bancarotta fraudolenta o peggio.

Sull'omosessualità, tra gli stessi omosessuali le posizioni sono molteplici. C'è chi, traballando sui tacchi alti della nostalgia ideologica, afferma con voce comiziale: «L'omosessualità è un'invenzione dell'eterosessualità» e sottintende che la responsabilità è da attribuire alla produzione perversa di un capitalismo (sessuale) che tutto assembla, globalizza, macina, schiaccia, deglutisce ed espelle. Analisi deliziosa come un centrino merlettato ma, proprio come quello, più che mai inservibile. L'omosessualità ha la particolarità di essere presente dovunque, in qualsiasi zona del regno animale e storico. Anche in quello del comunismo reale: c'erano omosessuali (e venivano perseguitati) nella Mosca di Stalin, ci sono omosessuali (e vengono perseguiti) nell'Avana di Fidel Castro. Il problema, val la pena di ricordarlo, è l'interdetto dell'omosessualità, non l'omosessualità in sé, che resta attiva e insopprimibile, che si ripresenta nonostante le stragi, che non scompare a dispetto di qualsiasi, pur violenta, repressione.

C'è anche chi grida: «Sono omosessuale e tutto ciò che faccio è omosessuale. Vado al mare in modo molto gay. Pago l'affitto, rispondo al telefono, uso il cellulare, bevo la birra come solo i finocchi sanno fare.» «Avvito i bulloni come solo una lesbica è capace.» È questo il punto estremo e sinistro (sia nel senso estetico che in quello politico) che, guarda caso, si lega a quell'altro punto estremo e destro (solo in senso politico) che qualifica l'omosessualità come condizione totalizzante e che vede l'omosessualità o come un marchio o come una condanna (o magari entrambi).

Tra gli ultimi c'è chi dice: «Non siamo omosessuali ma *gay*». E intendono che in loro a prevalere non sia tanto la cifra sessuale quanto quella umano-affettiva, quella assertivo-emancipatoria. Omosessuali fieri di ciò che fino a ieri era considerato un vizio, un peccato e/o un crimine. In effetti fino a poco tempo fa (ma dura ancora) essere omosessuali significava e significa "fare sesso" uomini tra uomini, donne tra donne. Ci si identificava e ci si identifica in quell'esercizio fisico che ha i suoi riti, i suoi luoghi, le sue nevrosi, i suoi piaceri. Essendo quella "COSA" fortemente proibita socialmente, era inevitabile che – quando praticata – fosse altrettanto imperiosamente rimarcata. Si deve pur sopravvivere, signori miei. L'unico modo di riconoscersi era dunque quando si faceva sesso, sesso, sesso: duro, spontaneo, ininterrotto, coatto, instancabile, depressivo e gioioso, assordante, mortuario e salvifico.

Personalmente preferisco partire da un dato più elementare: la parola "omosessualità" esiste e indica coloro che provano attrazione erotica e affettiva nei confronti di persone dello stesso sesso. Stop. Tutto il resto mi pare essere punto di vista, ideologia, morale, antropologia, sociologia, religione, politica, perfino conquista. Gay, per esempio, è conquista: è l'omosessuale che si è conquistato o che si va conquistando il diritto di camminare a testa alta, che riconosce e invita a riconoscere valenza civile alla propria pulsione. È però difficile sottrarsi all'impressione che quanti negano l'esistenza o la rilevanza dell'omosessualità abbiano un terrore matto di essere definiti omosessuali. Ma anche il diritto di non esserlo, visto che l'integralismo, compreso quello gay, è indigesto e ottuso come tutti gli integralismi.

Nell'ultimo quarto del secolo scorso, per la prima volta dopo almeno un paio di millenni di condanna e repressione, l'omosessualità prende la parola e diventa soggetto sociale visibile e accettabile. Cose, appunto, mai viste. Le ire sono molte e molto condivise anche se tutti ormai sposano il principio inaugurato sciaguratamente da Bill Clinton: «*Don't ask don't tell*». Principio che tradotto liberamente in italiano suonerebbe come: «Noi non ti facciamo domande imbarazzanti e tu, frocetto rompiscatole o insopportabile lesbica, non esporre realtà imbarazzanti, non creare più problemi di quanti ne abbiamo già, noi dobbiamo pensare alle pensioni, all'articolo 18, agli extracomunitari, alle guerre talebane, altro che le vostre unioni civili del cavolo, altro che i vostri pretesi sentimenti riconosciuti. Scopate pure ma statevene per conto vostro, non date troppo nell'occhio e vedrete che nessuno vi romperà le scatole». Questo, fino a oggi, il massimo che si è riusciti a ottenere dal progresso. Una sorta di tolleranza paternalista come tutte le tolleranze, una specie di bontà concessiva, condiscendente. Invito poco simpatico.

Pare però che i clintoniani (anche quelli italiani) abbiano fatto male i propri calcoli. L'omosessuale-gay ha bisogno di parlare perché se non parla soffoca. E, diciamolo, quasi nessuno va alla morte con il sorriso sulle labbra, quasi nessuno porge al proprio carnefice la spada che dovrebbe tagliargli la testa. Non si può pretendere che lo facciano gli omosessuali. Il silenzio, la simulazione, la vergogna, l'indifferenza, il travestimento sono oggi diventati intollerabili. C'è in atto, lo si voglia o meno, una resurrezione strepitosa, sovente rumorosa. Forse è vero che l'amore che non osava dire il suo nome ora non sa più chiudere il becco. L'omosessuale ha preso a parlare tanto, perfino troppo. «Lasciateci sfogare. Poi vedrete che ci passa e giungeremo e giungerete a una più indifferente quotidianità. Ma prima restituite quelle identità che a molti di noi appaiono ancora oscure, appannate, lontane, quasi invisibili. E con le identità i diritti negati che insieme ai diritti negano le identità stesse.»

Era immaginabile che una volta emersa dalle catacombe l'omosessualità parlasse anche in letteratura. Non che in tutto questo lungo periodo fosse rimasta silente, per carità! Se non altro perché la letteratura non è mai stata capace di tacere a lungo. Magari ha alluso, magari l'ha detto di nascosto, magari l'ha detto per pochi iniziati, ma in qualche modo l'ha detto. Per millenni è stato necessario ricorrere alla mediazione, alla perifrasi, alla metafora. Insomma, tutti gli espedienti retorici e stilistici sono stati utilizzati per evitare di nominare la "COSA" e raccontarla nella sua pacifica o bellicosa banalità, descriverne le reti, i linguaggi, i percorsi, le avventure e le disavventure. Fino a qualche decennio fa la scrittura omosessuale aveva quasi sempre due sole scelte: o prendere dritta dritta la porta della pornografia rimanendo patrimonio di pochi, o alludere. Oggi la scrittura omosessuale ha imparato a fare molto di più: parla con una libertà imprevista, si scioglie con forza e senza imbarazzi, si moltiplica (non sempre con risultati eccellenti, s'intende) senza catene etero o autoimposte.

Gli esseri umani si producono in un gioco verbale e si spiegano, si raccontano, si ammalano, si feriscono e, nei casi più fortunati, riescono perfino a guarirsi. Con le parole, la condizione omosessuale prende luce e si copre di ombre declinandosi in tutte le sue sfumature. Si dipana. Si spiega e si nasconde. Compie tutti quei miracoli che la letteratura – quale che sia il suo oggetto, il suo scenario, i suoi attori – compie. C'è una riconquista della parola stessa. Termini come "frocio" e "lesbica" erano fino a poco tempo fa esclusivamente degli insulti impossibili da elaborare e chi ne era preso di mira non poteva che tentare di schivarli e magari reagire. La letteratura gay sta riuscendo a dare forza al verbo, lo riproduce e lo fissa fornendogli una certezza mai avuta prima. Compie un miracolo non solo perché lenisce ma anche e soprattutto perché illumina, fornendo idea e contenuto a quella che spesso veniva vissuta come un'inclinazione da occultare, da deprecare, da farsi perdonare.

Anche qui qualche anima bella riproduce la scellerata negazione: «Non sono uno scrittore gay, sono uno scrittore *tout court*». Sotto a quel "gay" intravede dunque un limite, un insulto e questo la dice lunga sull'idea che si ha di sé. Altri dicono: «Vorrei essere sugli scaffali della letteratura gay ma anche sugli altri». È possibile? Certo che è possibile! La promiscuità (religiosa, razziale, letteraria eccetera) ha sempre prodotto ottimi frutti. Anzi: la letteratura omosessuale può dare novità, impulsi, suggerire percorsi all'altra letteratura. Ibridare, insomma. Che è poi il risultato più auspicabile dell'arte e della vita. Non c'è dunque bisogno di alzare palizzate ma solo di riconoscere àmbiti e ambizioni.

Credo che si possa dire che l'era dei pudibondi, delle sartine, dei velati, delle zie, dei finocchi che scrivevano al buio sotto finto nome sia finita. Qualcuno se ne duole, eppure resta il fatto che quel modo di vivere è stato seppellito dalla voglia di raccontare cosa succede a chi ama una persona del suo stesso sesso. Gli autori presenti in quest'antologia raccontano diversi modi in cui gli uomini si amano: raccontano i sentimenti e le noie, le curiosità, le amicizie, i veleni, le morbosità, gli appetiti insaziabili, le morti e gli amori. Raccontano i corpi e i giochi. E ci spiegano, senza volerlo, che cosa sia l'omosessualità, questo insieme confuso di esseri umani per nulla dissimile dagli altri insiemi confusi di altri esseri umani.

Amo tutti quanti gli scrittori di questa antologia. Hanno cuore, hanno mano, hanno la voglia assoluta che li porta a scrivere, dominati ognuno dal proprio demone, ostinati e pigri, coraggiosi e scaltri, furiosi e calmi. Finalmente anche in questo paese hanno cominciato a essere riconosciuti, a essere chiamati per nome, per la prima volta vengono rispettati. Alcune delle loro voci mi sono arrivate da cellulari disturbati, di altri ho nella mente quell'abbassar degli occhi intimidito o la golosa allegria di chi è dentro un'avventura. Altri ancora li conosco da anni. Li ammiro e li invidio. Fanno parte di quel coro magnifico che ha cominciato a dire ciò che per tanto tempo, per troppo tempo si è taciuto. Ascoltarli è un privilegio sempre più diffuso.

Daniele Scalise

Men on men

I personaggi e le vicende di questi racconti sono immaginari e ogni somiglianza con eventi o persone reali è casuale. Gli artisti e i musicisti che compaiono in queste pagine sono chiamati in causa per fini meramente narrativi.

Almamegera
Say Goodbye to Cosmobimbo

di Matteo B. Bianchi

Matteo B. Bianchi

Chissà come deve aver reagito alla ferale notizia che Wanna Marchi è finita in galera. Non ho osato chiederglielo perché certe cose, si sa, fanno troppo male. E a volte infilare il dito nella piaga è un esercizio vanamente sadico. In Generations of love, *uscito nel 1999 per Baldini&Castoldi, Matteo B. Bianchi (mi ha rivelato che quel B. non vuol dire nulla e serve solo a distinguere un cognome altrimenti banale) è stato il cantore dell'era Marchi, di quegli urli potenti che scotevano gli adipi di mezza Italia e che ora paiono per sempre ingoiati in qualche mesta prigione o in qualche sconsolante arresto domiciliare. Una generazione la sua, cresciuta in mezzo a delle belle difficoltà, con una televisione onnipresente e (diciamolo) seducente che, a sconfessare tanti pedagoghi da quattro soldi, non si direbbe proprio abbia devastato il pubblico di minori che vi si era accampato davanti per anni. A ridimostrarlo ci sono non solo i due racconti che seguono ma anche il secondo romanzo –* Fermati tanto così, *da poco pubblicato per Baldini&Castoldi. Matteo B. sa scrivere sincronizzando la lentezza della vita e la rapidità della lettura. Forse perché per tanti anni ha fatto il pubblicitario mentre ora è attivo sul fronte della scrittura radiofonica. Anche lui è stato in qualche modo scoperto da*

Tondelli, ha pubblicato per gli Under 25 *(è nato a Locate Triulzi trentasei anni fa) e non si dà pace. Voglio dire che è un bell'irrequieto e ha pure curato un'antologia di letteratura spot (gli spot della pubblicità che proseguono nei racconti), ha avuto quattro fidanzati in due anni e cura una fanzine on line di letteratura giovanile che è una piccola meraviglia* (www.fabula.it/tina*). L'ultima volta che l'ho visto è stato in un padiglione del Gay Pride del 2000 al Circo Massimo. Piccolino e con gli occhi di brace, salterellava davanti ai banchetti di libri e di T-shirt che il Circolo Mario Mieli aveva predisposto per l'evento che ha segnato la storia del movimento omosessuale italiano. L'ho sentito da poco, al telefono. Aveva un po' d'affanno perché correva dal suo editore, in giro per le strade di Milano. Anche a distanza, anche attraverso il cellulare, era possibile capire quanta bell'energia avesse in corpo.*

Almamegera

Mi sono innamorato di Raiss quando ho visto per la prima volta il video di *Nun te scurdà*. Quel bel cranio pelato e lucido, quelle spalle trucide e possenti, quell'ondeggiamento ritmico così sessuale. Il volto di Raiss non veniva mostrato per una buona metà del video, ma io già mi ero invaghito di lui di schiena. E quando finalmente l'hanno inquadrato di fronte, sdraiato su una spiaggia, in costume, ho capito senza ombra di incertezza che da quel momento sarebbe diventato l'unico scopo della mia vita.

Conoscevo a malapena gli Almamegretta. Avevo sentito qualche canzone su certe compilation de «il manifesto» e il mio amico Battista mi aveva registrato il loro primo album, che non ho mai ascoltato per intero, limitandomi a sentire sempre e solo il primo pezzo, quello che fa «Tienilo a mmente, tienilo a mmente, chi è 'o bbuono e chi 'o malamente». Ma non li avevo mai visti in faccia. Intendo dire, foto sui giornali, interviste televisive, niente. O forse c'erano anche state, ma io non ci avevo fatto caso. Anzi, il video in questione l'ho guardato solo perché avevo letto da qualche parte che era diretto da Pappi Corsicato, che personalmente consideravo una specie di genio dopo aver visto il suo film *Libera*. Insomma, dico tutto questo per dire che l'amore arriva quando uno meno se lo aspetta. Nel mio caso è arrivato alle cinque e un quarto di un pomeriggio di giugno, seduto sul divano a guardare Videomusic.

La prima cosa che ho fatto è stata andare al negozio di dischi di Porta Romana per comprare il CD nuovo. Sono tornato in casa con una certa frenesia, ancora ansimante sulla porta ho scartato la plastichetta e ho sfogliato il libriccino interno alla ricerca di una foto. Speravo in un primo piano di Raiss, ma mi sarei accontentato anche di un ritratto di gruppo, per il momento. Invece non c'era nulla. Stupidi disegni vagamente aztechi e testi in napoletano ibridato all'inglese. Stronzi, ho pensato. Ho girato e rigirato le pagine nell'assurda convinzione di averne saltata qualcuna per la foga. Alla fine ho notato che c'era il numero della casa discografica, tale Compagnia Nuove Indye, con la ipsilon. Ho chiamato subito per protestare. «Pronto?» al terzo squillo. «Mi passa il reparto grafico, per favore.» Gli straccioni non ce l'avevano neanche, un reparto grafico. Ho detto «Bastardi!» e ho riattaccato.

Nelle settimane successive ho vagato da un'edicola all'altra, spulciando fra le copertine dei giornali nella vana speranza di trovare articoli fotografici sul mio nuovo idolo. Prima sbirciavo i vari «Rockstar», «Rumore», «Rockerilla», «Il Mucchio Selvaggio», poi passavo a «Tutto Musica&Spettacolo», «Cioè», «100Cose-Energy», infine, disperato, giungevo a «Famiglia Cristiana», «Quattrozampe», «Caccia&Pesca», «Le Ore Mese», «Gente Viaggi» e persino «L'Uncinetto per tutti» (dispensa n. 24): niente.

Maledicevo la sorte che mi aveva fatto innamorare di

un idolo così misconosciuto e sottovalutato dai media, e che non mi avesse invece fatto perdere la testa, chessò, per uno dei Take That, sui quali avevo già individuato almeno cinque copertine, tre poster e un libriccino monografico della Giunti Editore.

Poi, miracolo vuole, hanno cominciato a occuparsi degli Almamegretta i quotidiani. Certo, la qualità delle foto sgranate non era neanche lontanamente paragonabile agli splendidi ritratti patinati a colori cui io aspiravo, ma potevo accontentarmi, per il momento.

Ciò di cui non potevo accontentarmi, tuttavia, era il contenuto delle interviste al mio Raiss: musica, musica, musica e basta. Quegli incompetenti del «Corriere della Sera», della «Repubblica» del «manifesto», «Suoni&Ultrasuoni», non si accorgevano neppure di avere davanti un essere umano con i suoi sentimenti, le sue insicurezze, i suoi desideri. Lo riempivano di domande inutili come «L'influenza del Bristol sound sulla vostra musica» o «Parlaci della collaborazione coi Massive Attack per il Napoli Trip remix di Karmacoma». E mai domande più introspettive, personali, cose tipo «Sei fidanzato?» o, soprattutto, «Non è che ti piacciono gli uomini, almeno un pochino?».

Abbandonato a me stesso e al mio cieco sentimento, ho finito per cedere all'unico spiraglio di luce, la sola fugace illusione che rischiarava il mio tunnel di incertezze. L'aiuto sovrannaturale di cui avevo bisogno è venuto spontaneamente in mio soccorso mentre sfogliavo le pagine del *Tuttocittà* sotto forma di una serie di quartini ripetuti su tutte le pagine, con la foto di un volto poco rassicurante, ma sovrastate dalla più allettante delle promesse: "Unisce amori impossibili" Che era *esattamente* il mio caso.

Per andare da Pasquale Primo, il Mago del Vesuvio, bisogna prenotare con enorme anticipo. L'ho scoperto arrivando nel suo studio, che poi era casa sua, e trovandovi una lunga fila di donne incappucciate, ragazzine piangenti, uomini scuri in volto. Un campionario di umanità sofferente che non immaginavo essere così nutrito e variegato. Era gente che aveva fatto richiesta da settimane, mi dissero, e che ora aspettava il proprio turno con pacata rassegnazione.

L'idea di lasciar trascorrere altri giorni in quello stato di prostrazione interiore mi apparve del tutto insostenibile e quando una signora dai capelli in disordine e col grembiule da cucina indosso si presentò sulla porta della sala d'attesa per chiedere chi fosse il prossimo, capii che quella era la mia occasione.

Mi gettai a terra urlando come un indemoniato, inarcando la schiena e agitando le braccia, cercando di riprodurre nei gesti e nei suoni l'impressionante spettacolo dei casi di tarantolismo che avevo visto poche settimane prima in uno speciale di *SuperQuark* con Piero Angela. A prova del fatto che ogni tanto guardare la televisione serve, la folla si aprì miracolosamente a ventaglio, come le acque davanti a Mosè e, sostenuto a braccia da alcuni dei presenti, venni condotto attraverso un corridoio e deposto direttamente nello studio del Mago. «È gravissimo» li sentii bisbigliare, prima di lasciarmi solo con lui.

Pasquale Primo indossava un cappello a tubo che rassomigliava a un fez e una lunga tunica rossa con ricami dorati. Aveva uno sguardo corrucciato, di seria preoccupazione.

Mi tirai a sedere, per rassicurarlo almeno che non fossi sul punto di spirare.

«Che tieni?» mi chiese subito lui, professionale.

«Un male d'amore. Gravissimo» ribadii.

«Chilli so' sempre i peggiori» confermò Pasquale tornando a sedere alla sua scrivania, tra sfere di plastica e busti di faraoni egizi.

Ignorando l'apertura mentale del Mago di fronte ai turbamenti sentimentali di noi giovani moderni, mi feci coraggio e specificai il nocciolo duro della faccenda: «Sono innamorato di un uomo».

Pasquale Primo non inarcò neanche un sopracciglio. Impassibile come la riproduzione della sfinge che aveva alle sue spalle, domandò: «E tieni 'na foto di 'sto guaglione?».

Rovistai nel portafoglio alla ricerca dell'unico primo piano apparso sull'«Unità». Glielo porsi.

«È chisto?» chiese.

Annuii.

«Iiiiii, figlio mio, quant'è brutto!»

«L'amore è cieco» dissi al Mago, che evidentemente era un grande esperto di fatture, ma di uomini non ne capiva un cazzo.

«Si può fare qualcosa?» ho subito aggiunto, speranzoso.

Il Mago ha guardato intensamente il ritaglio di giornale, poi ha alzato lo sguardo verso di me.

«Quattro milioni» ha annunciato, come se fosse una formula arcaica di una sapienza esoterica trasmessa sino a lui da generazioni di sciamani. Ricordando le promesse dell'annuncio pubblicitario che mi aveva spinto in quello studio, ho chiesto: «Compenso a esito raggiunto?».

Ma il Mago, pragmaticamente, ha detto: «No, subbito».

Secondo le istruzioni di Pasquale Primo, sarebbe stato sufficiente incrociare lo sguardo di Raiss una sola volta perché il potente talismano che indossavo sotto la camicia facesse il suo effetto.

Perplesso ma speranzoso, mi ero piazzato all'uscita del Centro Sociale Leoncavallo dopo il concerto degli Almamegretta a favore della liberalizzazione delle droghe leggere. Euforico e liberalizzato dagli effetti delle piante per cui tutti stavamo combattendo orgogliosamente insieme, avevo seguito lo spettacolo con entusiasmo, ma strategicamente sistemato molto lontano dal palco, pronto a sgusciare fuori al primo accenno di fine concerto.

Seguendo le indicazioni di un simpatico clone milanese di Bob Marley, avevo individuato la porticina dalla quale sarebbe venuta fuori la band e aspettavo. Il via vai era continuo: tecnici, giornalisti, amici e curiosi, che entravano e uscivano, e ogni volta che si riapriva la porta avevo un tuffo al cuore. Finalmente il bel volto meridionale di Gennaro che era comparso sull'ingresso mi aveva fatto capire che la lunga attesa era terminata.

Raiss era uscito insieme agli altri membri del gruppo e a un sacco di sconosciuti imprecisati. Indossava una T-shirt extralarge degli Orb e un paio di jeans grigi slavati. Al suo braccio c'era una ragazza bionda che gli parlava fitto nell'orecchio e lui annuiva.

Io stavo già chiedendomi come avrei potuto attirare la sua attenzione quando, del tutto spontaneamente, Raiss aveva alzato gli occhi e mi aveva visto. Il Mago del Vesuvio aveva specificato fino allo sfinimento che avrei dovuto reggere lo sguardo il più a lungo possibile, ma non era stato necessario un grande sforzo.

Raiss si era staccato dalla ragazza e si era diretto, deciso, verso di me. Mi ha detto «Ciao» e mi ha sorriso, come se mi aspettasse, come se mi conoscesse. Poi mi ha agguantato la testa e mi ha ficcato la lingua in bocca, nel bacio più lisergico che avevo mai sperimentato nella mia misera esperienza di essere mortale e finito.

Staccandosi dolcemente ha sussurrato: «Jamm'a casa» e mi ha preso sottobraccio. Con la coda dell'occhio ho fatto giusto in tempo a vedere il resto della band che ci guardava con aria incredula e la ragazza che prima gli stava abbracciata che ora giaceva inspiegabilmente a terra, tipo svenuta.

Per "casa" Raiss intendeva casa sua, a Napoli. Non che a me interessasse. Anche sulla luna sarei andato, a quel punto. L'idea di potergli stare vicino, di vederlo, di parlargli, di sfiorarlo (toccarlo non osavo) mi appariva così meravigliosa da essere irreale. Guardavo fuori dal finestrino della macchina con la quale mi stava conducendo al sud, sorridendo commosso all'immaginaria platea di uno *Stranamore* cosmico che applaudiva al compimento della mia favola romantica. Anche se, man mano che attraversavamo l'Italia, il romanticismo aveva cominciato a lasciare spazio a sentimenti più sanguigni e a più contingenti pulsioni, e le mani di Raiss, che per i primi chilometri erano rimaste saldamente ancorate al volante, ora si concedevano improvvisi scatti di libertà, intrufolandosi sotto la mia maglietta o pizzicandomi le cosce. Io lasciavo fare, timidamente, ma dentro mi sentivo ribollire come la lava del vulcano che sovrastava la sua città natale. E quando, al casello autostradale, Raiss mi ha detto: «Simm' quasi arrevate. Mo' che saglimm' a casa, voglio fa' subbito ammore», ho avuto la netta sensazione che se non avessi abbassato il finestrino per prendere un po' d'aria avrei probabilmente perso i sensi.

Ho letto da qualche parte (forse su «Max») che non c'è niente di più spaventoso che ottenere per davvero ciò che desideriamo.

È una verità assoluta. Perché uno insegue la felicità con tanta determinazione da non rendersi conto che, al momento della sua realizzazione, rischia di non saper contenere una tale esplosione di gioia.

Prendete me, per esempio, mentre sedevo imbarazzato sul letto di Raiss e lo vedevo togliersi i vestiti con una furia gentile ma inarrestabile. Io che tanto avevo pregato perché questo avvenisse, capivo di non essere affatto pronto per tutto ciò. Sentivo la realtà travolgermi e quasi ero incapace di ammirare quel monumento partenopeo che mi si parava di fronte.

Il corpo di Raiss era una scultura vivente, un'opera d'arte muscolare che vibrava sotto la pelle tesa e sudata. Le spalle erano due rocce granitiche perfettamente levigate. Il petto era una prateria sconfinata in cui torreggiavano due capezzoli selvaggi. Il ventre era un oceano piatto solcato da una scia di peli che si allargava in un delta miracoloso. Le gambe erano due tronchi d'acero possente, tornite da un vasaio esperto. E l'uccello, be', l'uccello di Raiss era la prova che non siamo soli nell'universo.

La mattina di lunedì non c'era più niente da mangiare in casa. Era rimasto solo mezzo bicchiere di latte e un pugno di caffè, che ho messo nella moka sperando che fosse sufficiente per due.

«Rai', mi sa che dobbiamo fare la spesa» ho detto, portandogli la tazza fumante a letto.

«Teniamo tempo» ha fatto lui, abbracciandomi e ributtandomi fra le lenzuola.

Se c'era una cosa che avevo appurato in quel fine settimana era l'instancabilità di Raiss. Era capace di farlo anche cinque volte di fila, senza alcuno sforzo apparente. Cominciavo a chiedermi quanto a lungo avrei retto quei ritmi così sostenuti. Non che al momento la cosa mi dispiacesse, comunque.

Dopo l'amore e la colazione, mentre Raiss si stiracchiava, ho pensato che sarebbe stato carino mettere su un po' di musica. Sono andato allo stereo e ho guardato fra i suoi CD impilati uno sull'altro. La metà era roba che non conoscevo, gruppi arabi o marocchini. Il resto era composto da singoli di Massive Attack, Transglobal Underground o Nearly God.

«Non hai niente di italiano?» gli ho chiesto.

«Sì, sta là in basso.»

Là in basso c'erano due cose vecchie di Pino Daniele e un'opera lirica di Battiato. «Qualcosa di più popolare, intendo.»

Lui ha scosso la testa.

Quando sono sceso per comprare il pane e un po' di generi alimentari ho visto un banchetto che vendeva cassette taroccate e ho scelto qualcosina per alleggerire l'atmosfera di casa: una compilation della Patty, l'ultima di Eros e una raccolta di successi dal Festival di Sanremo.

«Facciamo festa, Rai'» ho dichiarato infilando una cassetta nel registratore.

Lui ha sentito l'attacco inconfondibile di *Sarà perché ti amo* dei Ricchi e Poveri (Sanremo 1984) ed è corso ad abbracciarmi. Abbiamo ballato in mezzo alla cucina come se fossimo in una sala da ballo.

Non mi ero mai sentito più felice in vita mia.

Più tardi ha voluto che lo accompagnassi in sala prove, dove aveva appuntamento con i ragazzi del gruppo.

Non ero proprio sicuro che fosse una buona idea, ma lui ha talmente insistito che ho dovuto cedere.

Quando mi hanno visto arrivare con lui i musicisti mi

hanno trapassato con lo sguardo, ma nessuno ha detto niente. Io mi sono messo su una sedia in un angolo, buono buono, ad ascoltarli provare.

Per un po' è andato tutto bene. Loro suonavano, Raiss cantava, e ogni tanto si scambiavano dei commenti su cose da mettere a punto, passaggi da perfezionare. Poi sono cominciati i problemi.

Erano nel bel mezzo di una versione reggae di *Figli di Annibale*, quando Raiss ha smesso di cantare e ha dato un calcio al microfono. Uno dopo l'altro i musicisti hanno smesso di suonare.

«Che c'è, Rai'?»

«Guaglio', io mi so' scocciato de cantà sempre 'sta robba.»

Loro l'hanno guardato un po' perplessi. «Come sarebbe a di'? Chiste sono 'e canzoni nostre.»

«Saranno pure 'e canzoni nostre, ma io me so' rotto. Tengo voglia di cangia' nu poco genere, repertorio...»

I ragazzi degli Almamegretta si guardavano fra loro disorientati e, quel che è peggio, cominciavano a lanciare preoccupanti occhiate nella mia direzione, come se io fossi in qualche modo implicato in ciò che stava accadendo.

Poi Paolo, che evidentemente era il più diplomatico fra tutti, ha cercato di trovare un compromesso. «Be', dicci almeno cosa ti piacerebbe cantare...»

Raiss è rimasto un attimo in silenzio, poi si è accostato al microfono e ha attaccato a cantare *Donna con te* di Anna Oxa.

A quel punto io ho infilato la porta dello studio e sono uscito in giardino.

Non era colpa mia se Raiss stava cambiando gusti musicali. Anzi, non era colpa mia se Raiss stava cambiando tutto. A casa cominciavamo a ricevere telefonate allarmate da chiunque: manager, discografici, amici, colleghi, ex fidanzate, fidanzate attuali.

La colpa, o forse il merito, era tutto del Mago del Vesuvio, che quella sera stessa mi aveva chiamato per verificare l'andamento delle cose.

«Signor Pasquale! Come ha fatto a trovare questo numero?»

«Songo nu' mago, no?»

«Eh, già...»

«Allora, guaglio', funziona 'sta fattura ch'ammo fatto?»

«Oh, funziona perfettamente. Non so davvero come ringraziarla!»

«Nun me devi ringrazia'. Me devi paga'.»

Ero rimasto interdetto per la richiesta.

«Come sarebbe a dire? Io ho già pagato quattro milioni. Non si ricorda?»

«Chillo era l'anticipo. Mo' me devi dà 'a parcella.»

"Fetente d'un mago avido!" ho pensato. "Ma a me non mi freghi." Con decisione e fermezza ho detto: «Se lo può scordare. Io non le devo più niente» e ho riattaccato.

Tornato di là in salotto, ho raggiunto Raiss sul divano che guardava la televisione. Fingendo di fissare lo schermo, con la coda dell'occhio studiavo il suo solido profilo, il suo bel pizzetto, i suoi occhi luminosi e saettanti e mi dicevo che niente e nessuno avrebbe più potuto portarmi via tutto questo, men che meno uno straccione di mago. E, rassicurato da questi pensieri, mi sono assopito sulla sua spalla.

Purtroppo al mio risveglio gran parte di questa certezza era sparita. Raiss aveva uno strano sguardo scocciato e se ne stava chiuso in un mutismo inusuale. Teneva gli occhi puntati sullo schermo, seguendo gli imbarazzanti balletti delle veline di *Striscia la notizia* ed emetteva profondi sospiri.

«Che c'è Rai'?» ho chiesto, timidamente.

«Chelle guaglioncelle me fanno impazzi'... Guarda comme so' bbone...»

«Trovi?»

Raiss si è voltato verso di me e con un'espressione di fastidio che non gli avevo mai visto prima mi ha domandato: «Ma si può sape' chi ssei? Chi 'tte conosce?».

Non so come ho fatto a non scoppiargli in lacrime davanti.

Visto che io mago non ero, ho dovuto fare tre chiamate alla Telecom prima di risalire al numero di casa di Pasquale Primo, ma alla fine ce l'ho fatta.

Mentre io ascoltavo il rassicurante tut-tut di libero sulla linea, Raiss girava per la casa con passo nervoso e irascibile. Ormai sentivo chiaramente che la tempesta stava per esplodere.

«Pronto?»

«Signor Pasquale, mi perdoni... Prima sono stato un cafone, un ingrato... Le prometto che pagherò tutto quello che vuole, ma faccia che le cose fra me e Raiss tornino come prima... LA PREGO.»

«Guaglio', chillo che è fatto, è fatto. Mo' è tardi. E poi, ho già capito che tu i soldi non li tieni.»

«Li troverò! Per favore...»

Click.

Due minuti dopo ero per la strada.

Non ho mai più rivisto Raiss da allora. Per un po' ho cercato di riprendere i contatti, di riavvicinarmi, di ricreare, almeno lontanamente, la magia che si era instaurata fra di noi. Ma è stato tutto inutile. I primi tempi lui al telefono era scostante e sbrigativo. Poi ha cominciato a rispondere a monosillabi. Alla fine semplicemente riattaccava.

I pochi conoscenti coi quali mi sentivo ogni tanto testimoniavano la sua totale indifferenza nei miei confronti. A sentire loro, per lui era come se io non fossi mai esistito. Me l'hanno ripetuto così spesso che ho finito per crederci anch'io. Anzi, su questa storia ci avrei già messo una pietra tombale sopra, se non fosse che il destino mi ha voluto regalare un'ultima, inaspettata rivincita.

Ora che è uscito il nuovo album si vede che la loro notorietà è aumentata notevolmente. Le interviste sui giornali e in tv si sprecano. Tutti a fare domande sul disco, sulle nuove sonorità, sull'impegno produttivo e, soprattutto, sul significato del misterioso titolo. Raiss si sforza di spiegare che *Lingo* è una parola inventata, che è un gioco linguistico, che è solo un modo diverso per alludere a un idioma universale. Ma provate a chiedergli che nomignolo usava quando eravamo a letto noi due nell'intimità delle calde notti napoletane. Ricevereste una risposta più semplice e sincera.

Say Goodbye to Cosmobimbo

Lato A: 1979

«Super! Superman!» urla Miguel Bosé dal televisore in cucina e io urlo con lui. Bosé indossa una magliettina aderente a righe e un paio di jeans slavati dalle cui tasche posteriori fuoriesce un fazzoletto rosso. La canzone è il suo nuovo successo, tratto dall'album *Chicas*, che vuol dire ragazze. Lo so perché l'ho comprato.

È la prima volta che compro un LP intero, fino a oggi avevo comprato solo dei 45. Ma Miguel è Miguel.

In classe mi prendono in giro, perché dicono che è un cantante da femmine, e che i maschi devono ascoltare il rock. Ma a me il rock non piace per niente e, a costo di litigare, continuo a difendere Miguel Bosé, che fa tante canzoni belle, come *Anna, Olympic Games* e anche *Vote Johnny 23*, dedicata al Papa. Quindi è anche un cantante importante, se può dedicare una canzone al Papa.

Ma la vera verità non ho il coraggio di dirla.

Il fatto è che a me non piace Miguel Bosé come cantante, ma mi piace proprio *lui*. Sono innamorato di Miguel Bosé. Anche adesso, mentre balla in tv, vorrei essere lì insieme al pubblico di *Discoring*, ma non per battergli le mani, no, proprio per stare dove sta lui, respirare la sua aria, sentire il suo odore, fargli vedere che esisto.

Non ricordo quando è stata la prima volta che qualcuno mi ha chiamato "frocio". So solo che è cominciato tutto in classe. Un po' per la storia che ascolto Miguel Bosé, un po' perché sono una sega a calcio (e, in generale, in qualsiasi sport) e un po' per invidia, perché sono il primo della classe.

I ragazzini sanno essere crudeli, molto più degli adulti, se vogliono.

All'inizio non è stato facile sopportarlo. Voglio dire, ho solo quattordici anni. Ma poi ho pensato che non è mica colpa mia se il mondo è pieno di deficienti stronzi e ho deciso di ignorarli, di lasciar cadere gli insulti come se non fossero rivolti a me.

Finora ce l'ho fatta, ma quando è troppo è troppo. Il fatto è che riesci a tollerare le crudeltà finché riguardano solo te, ma quando cominciano a toccare anche le persone che hai vicino allora il discorso cambia.

Vedo mia mamma al di là del cancello della scuola. Anche lei mi vede scendere di corsa gli scalini esterni dell'istituto e mi sventola ciao con la mano. Sto per raggiungerla quando mi accorgo che il solito gruppetto di rozzi mi sta fissando con insistenza. Sono appollaiati su una panchina vicino all'ingresso e sembrano aspettare solo me. Infatti, appena sono a un passo, quello che gioca a essere il capo della banda mi fa: «Cos'è? Non sei neanche capace di andare a casa da solo? Hai ancora bisogno della mamma?» e subito dopo conclude: «Frocio».

A quella parola io mi paralizzo. Mia mamma è a un metro da noi e ha sentito tutto, sicuramente.

Comincio a tremare, come scosso da un terremoto interno. È la vergogna la forza che mi scoppia dentro. La sento partire dalla pancia per poi spargersi dappertutto, in ogni muscolo, dalla bocca dello stomaco sino alle gambe e alle braccia. Ed è proprio nelle braccia, alla fine, che si concentra. Un formicolio pazzesco, un'eccitazione nervosa che non avevo mai sentito prima.

Succede tutto così in fretta che quasi io non mi rendo conto. Il mio braccio destro si stacca dal resto del corpo e colpisce in piena faccia il ragazzo, che cade per terra con un lamento. Poi, con la stessa facilità con cui si era separato, il braccio torna indietro e si riattacca con un soffice clack alla mia spalla.

Il gruppo di sbruffoni osserva la scena con gli occhi sbarrati e, terrorizzato, si disperde.

Io, che ancora non capisco bene quello che è appena successo, alzo gli occhi verso mia madre, testimone di troppe cose nel giro di dieci secondi. Lei mi fissa seria in volto, poi scoppia a piangere. «Lo sapevo» dice fra i singhiozzi. «Lo sapevo che qualcosa, prima o poi, doveva succedere.»

Dopo un bel pianto, seduti in macchina, riparati dalle cattiverie del mondo, mia mamma mi racconta la verità.

Io non sono figlio dei miei genitori. Anzi, forse non sono neanche figlio di questo pianeta. È un caso se oggi sono qui, sopravvissuto a tutta una serie di cose di cui nessuno ha notizie precise.

Mio padre mi ha trovato in una carcassa di lamiere in fumo, i resti accartocciati di una capsula spaziale, precipitata in un bosco sugli Appennini. I miei genitori (adottivi, ora posso metterci anche l'aggettivo) si trovavano lì in vacanza. Una passeggiata romantica con pic nic.

Dice mia mamma che il rumore, come un fischio, è stato fortissimo e che solo grazie alle fronde degli alberi, che hanno attutito la caduta, mi hanno recuperato vivo.

Loro, che non potevano avere bambini e che tanto li volevano, non ci hanno pensato mica su troppo. Mi hanno avvolto in una coperta e portato via, senza farsi domande sul luogo da dove venivo, senza preoccuparsi delle conseguenze. Però per settimane hanno avuto paura che la polizia suonasse alla porta, che i giornali gli dessero la caccia, come ai terroristi brigatisti, invece niente. Nessuno ha dato la notizia dell'UFO, nessuno ha indagato. Forse nessuno si è accorto, ancora oggi.

Per questi quattordici anni mi hanno allevato come un bambino normale, con le pappe, il triciclo, l'asilo, le scuole, la comunione, però nel profondo del cuore sentivano che qualcosa doveva succedere. Qualcosa di misterioso, che avrebbe fatto capire chi ero.

Ed è successo. Adesso.

Di sera, a casa, mio papà mi racconta di nuovo la stessa storia, con altre parole, ma sempre con il groppo in gola, idem la mamma. Ma mi sembra anche un po' contento e sollevato all'idea di poterne finalmente parlare.

Alla fine del suo racconto mi abbraccia e dice: «Noi ti abbiamo sempre voluto bene come a un figlio vero, più che a un figlio vero».

Io lo stringo forte e dico che anch'io voglio tanto bene a tutt'e due. Poi lascio i miei genitori in cucina e vado a chiudermi nella mia stanza.

Penso che abbiamo tutti bisogno di silenzio.

Sono agitato e confuso dalle troppe scoperte che ho fatto in questa giornata. Mi chiedo come sarà la mia vita da ora in poi, da ora che so di essere diverso dagli altri. Mi chiedo anche se il fatto che mi piacciano i ragazzi c'entri qualcosa con la mia provenienza extraterrestre.

Resto lì a lungo a fissare la parete, perso nei miei pensieri. Poi lo sguardo viene attirato da uno strano luccichio. Vado vicino e mi abbasso per vedere cos'è. Al principio non lo so, ma dopo un po' lo capisco: è una sfida.

La raccolgo.

Lato B: 1997

Fare il supereroe non è difficile. Basta imparare a coordinare il tuo corpo e i suoi cosiddetti "superpoteri", che poi non sono altro che sensibilità comuni amplificate dal diverso ambiente in cui si sono sviluppate, un'altra atmosfera, altre condizioni.

Non è necessario essere così folcloristici, come vuole la tradizione popolare. Per il costume, per esempio, io ho compiuto una scelta sobria e coerente con la mia missione: una tuta azzurra di felpa, tinta pastello, con una piccola "c" in materiale catarifrangente applicata all'altezza del cuore. È una tenuta casual, ma efficace. Non ostacola i movimenti, è calda e, in caso di necessità, permette di fingermi un semplice atleta in vena di stranezze.

L'unica difficoltà reale che ho incontrato è stata quella di dover discriminare le richieste d'aiuto: gli impulsi di pericolo che sentivo provenire erano tanti e tali che in un primo tempo ho temuto d'impazzire. Poi ho capito che solo una selezione rigorosa e necessaria mi avrebbe salvato.

Adesso sono un vero esperto: quando sento vibrare il terrore, il dolore, l'umiliazione nell'aria riesco immediatamente a individuarne l'intensità. Sino a un certo grado non mi sposto neanche. E che cazzo, un po' di dolore nella vita è normale, capita a tutti, mica posso preoccuparmene io. Però quando percepisco che la dose di sofferenza è alta, allora mi attivo immediatamente. Mi infilo la tuta, salgo in macchina e mi lascio guidare dagli impulsi, via via più forti, man mano che raggiungo l'epicentro d'emissione.

Molto spesso si tratta di un ragazzino, come lo sono stato io quando ho scoperto la mia vera natura. Un quindicenne impacciato, schernito dai coetanei, additato con crudeltà, talvolta in pericolo fisico di percosse. In questi casi io resto in disparte, studio la scena. Sono in tre, quattro, cinque, lo circondano, lo spintonano. «Cosa c'è, signorina? Hai paura? Vuoi la mamma? Dài, reagisci, se hai coraggio, finocchio.»

«Reagisco io» dichiaro, emergendo dal nulla (vale a dire: da dietro la porta, se sono a scuola, dall'ombra delle tribune, se sono in un campo di calcio, da una vetrina, se sono in un centro commerciale, e così via).

Di solito restano tutti a bocca aperta, ma la più meravigliosamente aperta è la bocca della vittima, che mi fissa come se vedesse la Madonna (icona o cantante fa lo stesso: un'apparizione destinata comunque a cambiarle la vita).

Il mio famoso pugno snodabile lo uso raramente. Basta la mia comparsa, il tono di sfida, che subito i quattro o cinque bastardi si ridimensionano, cambiano tono, chiedono scusa, spariscono.

Ed è allora che entro veramente in scena, quando mi avvicino al ragazzetto spaventato e gli metto un braccio intorno alle spalle, e dico, con tutta la complicità e la tenerezza di cui sono capace: «Ehi, tutto bene?».

Lui mi guarda confuso, grato e balbettante. «Sì... ma... ma tu chi sei?»

«Se ti dico il mio nome prometti di non ridere?»

Il quindicenne annuisce, serio.

«Cosmobimbo.»

Lui sorride, immancabilmente. Ho scelto il nome apposta.

«Avevi promesso di non ridere!» lo riprendo, fintamente seccato.

«Scusa.»

Gli do una pacca sulla testa. «Ma va là, dài. Hai ragione a ridere. È un nome cretino.»

A quel punto è successo tutto: il ragazzino sorride ancora, stavolta seriamente sollevato e soprattutto già dimentico della freschissima brutta avventura di cui è stato vittima.

«Chi erano quegli stronzetti?»

Lui scrolla le spalle. «Pfff... compagni di classe.»

«Bella classe, complimenti.»

«Non sono tutti così.»

«Meno male.»

Lo faccio parlare per un po'. Di se stesso, di quello che fa a scuola, degli amici, se ne ha. Poi lo guardo dritto negli occhi e affronto l'argomento: «Posso chiederti una cosa?».

«Certo» risponde lui, ubbidientissimo.

«Quand'è che hai scoperto che ti piacciono i ragazzi?»

Il lampo di terrore riattraversa il suo sguardo. Si sente improvvisamente spogliato, tradito, raggi-x-sato. Vorrebbe ribellarsi, negare, ma capisce che stavolta non ha senso farlo.

Io sono la consapevolezza.

Allora abbassa il viso, la voce, la guardia. «Da un anno, più o meno» mormora.

Adoro quest'attimo. L'ultimo baluardo della fragilità. Da domani sarà forte, determinato, pronto.

«Non è mica una cosa grave» comincio. «Succede a migliaia, milioni di ragazzini come te, nel mondo» e via che gli srotolo il discorsetto di tutta la gente che l'ha preceduto, dei libri da leggere, dei posti dove andare, delle associazioni a cui eventualmente fare riferimento, ma soprattutto lo tranquillizzo sulla legittimità delle sue sensazioni e dei suoi sentimenti. «Sì, tu sei diverso dagli altri» concludo «ma non c'è niente di esaltante nella normalità.»

È un discorso che con gli anni ho imparato a perfezionare, scegliendo i termini giusti, le pause, i riferimenti culturali idonei all'età dell'ascoltatore. Al termine del monologo posso anche permettermi delle divagazioni, specie nei casi più difficili.

«Poteva andarti peggio.»

«Per esempio?»

«Per esempio, nascere stilista.»

Sdrammatizzare è il mio forte. I ragazzini capiscono, si lasciano andare, tirano un sospiro che non è di sollievo, ma di coraggio per se stessi. Hanno la vita davanti, da affrontare a mani nude. Ma ora sanno che potranno farcela.

E poi, per ultimissimo, lancio il mio asso nella manica, il mio più sorprendente regalo, prima di sparire per sempre.

Regalo loro un alleato reale. Un amico, un compagno di classe, talvolta addirittura un insegnante. È sufficiente che mi concentri un attimo per avere un'immagine abbastanza dettagliata del suo ambiente di vita, della scuola, del quartiere, della squadra di gioco. È come una visione, una diapositiva che cala davanti ai miei occhi, volti sconosciuti fra i quali individuo subito ciò che sto cercando.

«Hai presente il ragazzo con i capelli ricci e gli occhialini rotondi di quinta C?»

«Ma chi, Gianni Salvemini?»

«Sì, lo conosci?»

«No, be', solo di vista.»

«Ecco: Gianni è come te.»

Non è necessario specificare in che senso vada inteso quel "come te". Lui ha già capito tutto, i suoi pensieri sono puntati verso la prospettiva di avvicinare questo Gianni, di parlargli, di diventarne amico. Il mio ruolo è svolto. Say Goodbye to Cosmobimbo.

Ogni tanto però le cose non sono così semplici. La violenza, quella vera, è sempre in agguato. L'altra settimana ho soccorso un uomo di mezza età, assalito brutalmente da una banda di teppisti in un parco famoso per i suoi incontri notturni.

Quando sono arrivato ho scorto un picchiatore nell'atto di spaccare una bottiglia di birra sul capo del poveretto. Cocci, sangue e urla disperate. Non ho atteso di mostrarmi alla luce, di impaurirli con la mia comparsa; ho lanciato il mio braccio nello stomaco dell'aggressore, rovesciandolo a terra. Poi ho caricato anche gli altri con foga, finché erano riversi sull'erba, doloranti, macilenti, moribondi.

Ho soccorso l'uomo ferito e l'ho trasportato in ospedale. In macchina ha pianto come un vitello. Diceva: «Che vergogna!» senza capire che non era certo lui quello che doveva vergognarsi. Io tacevo la mia filosofia, gli dicevo soltanto di rilassarsi, che sarebbe andato tutto bene.

I teppisti li ho abbandonati là, chiaro. Spero sempre che muoiano, ma tanto quelli se la cavano sempre.

Essere un supereroe del mio genere dà soddisfazione. Perché le tue gesta non si esauriscono in un intervento, in un salvataggio momentaneo, ma lasciano tracce destinate a svilupparsi col tempo ed è bellissimo incontrare le persone a cui hai dato una mano, gente di cui non ricordi neanche il nome, né il viso, e che improvvisamente, in discoteca, al supermercato, per la strada, ti si parano davanti gridando: «Ma tu sei Cosmobimbo!» e pieni di gratitudine ti raccontano stralci di vita che, alla fine, senti come parzialmente tuoi. E allora ti sembra davvero che tutti gli sforzi che stai affrontando valgano qualcosa.

Ogni tanto, la sera, quando non c'è nessun segnale di pericolo nell'aria, mi affaccio alla finestra e resto lì, con i gomiti appoggiati al davanzale, a pensare.

Penso ai ragazzi che ho aiutato e ai tanti, ai troppi, che ancora ci sarebbero da aiutare. Penso agli eroi silenziosi che stanno combattendo da soli contro una malattia più grande di loro. Penso al secolo che è appena sfumato e alle rivoluzioni sociali che porterà il nuovo. E, certe volte, penso anche a me stesso. Penso che, in fondo, mi piacerebbe esistere realmente.

Don Aldo
Doria

di Tommaso Giartosio

Tommaso Giartosio

*Insegna italiano e storia in un istituto professionale («ma» precisa «solo a tempo parziale»), è nato a Roma quasi quarant'anni fa, cura una rivista letteraria on line (*www.losciacallo.com*). Gli chiedo dei suoi autori preferiti. «Domanda difficilissima» risponde. Ci pensa un po' su: «Dante... Proust... Levi». Scopro poi che ha sviluppato un forte senso dello sguardo che esercita con l'arte figurativa, ammirata e praticata. Disegna egli stesso. E tra i maestri colloca Giovanni Bellini, Rembrandt e Francesco Clemente. Legge, cura e traduce la letteratura anglo-americana (da Evelyn Waugh a Christopher Isherwood, da Thackeray a Hawthorne) e con il suo primo romanzo (*Doppio ritratto, *Fazi 1998) ha vinto il Premio Bagutta per l'opera prima. Romanzo inconsueto, si direbbe: due biografie, una dell'Alfieri, l'altra di un ragazzo alle prese con l'infanzia e la fanciullezza, i ricordi che svanirebbero senza pietà se non fossero fissati nelle forme scritte della memoria. Tommaso Giartosio stordì più di un giurato del ristorante milanese dove si celebrava la 63ª edizione del premio. «Sono commosso per quello che oggi mi avete assegnato» disse allora il giovane scrittore agli ospiti seduti sempre più scomodamente fra i tavoli del ristorante mila-*

nese. «Ringrazio tutti, ma voglio approfittare di questa occasione per chiedere un favore allo Stato.» Silenzio tremulo, sguardi reciproci di incomprensione. «Io volevo sposarmi, tant'è che ho chiesto alla mia scuola una licenza matrimoniale che mi è stata regolarmente concessa. Però non ho potuto farlo perché la persona con la quale intendo unirmi in matrimonio è un uomo.» Invece di un discorso formale e laudativo, invece di accompagnare con emozione e riconoscenza la cerimonia, l'autore ricordò agli smemorati che lui in fondo era un paria costretto a vivere in un regime di condiviso apartheid. E per di più con la sua voce educata, dove di tanto in tanto si colgono inflessioni piemontesi, gran cura per il lessico, ostinata ricerca della misura. Sempre nel 1998 ("annus mirabilis", lo definisce con un sorriso), visto che lo Stato questo favore non sembrava molto propenso a farglielo, Giartosio ha deciso di "sposare" il suo compagno Franco Goretti con una cerimonia nuziale privata: uno scambio di promesse davanti agli amici, un rito inventato con la fantasia amorosa. Lui vorrebbe togliere quelle virgolette. Sarebbe, dice e ha ragione da vendere, una gran conquista.

Don Aldo

Certe volte di sera, sdraiato sopra il letto, avendo alla mia sinistra l'armadio con la specchiera, e mentre sto leggendo un libro che magari mi interessa anche, ho l'impulso di voltarmi e guardarmi.

Resisto, per noia. Lo so come sono, io: sono il bibliotecario di San Sabiniano, don Aldo. È idiota. Tengo duro finché non mi addormento di botto, proprio da bibliotecario. Ma l'altra sera mi sono voltato.

All'inizio un senso di fastidio come se avessi spiato qualcosa di indecente. (Anni fa, questi momenti erano per me l'anticamera degli atti impuri. Ho smesso già in collegio; di questi tempi si tende a dimenticare che tante persone, e soprattutto i religiosi, della corporeità non se ne curano granché.)

Ma poi mi sono accorto – guardando bene – che non vedevo niente di nuovo. Quell'uomo ero solo io, con il clergyman appena appena stazzonato, la pancia al suo posto, l'espressione dovutamente severa, uno dei miei libri. Riempivo tutto il letto da cima a fondo: ero proprio io.

All'improvviso sono stato felice.

Non mi succedeva da molti anni, forse dalla fine della mia amicizia con Simone. Non così. «Da molti anni» ho ripetuto a voce alta, tanto per fissare il momento.

Quando ci guardiamo nello specchio (ho ragionato) di solito cerchiamo qualcun altro. Trovarci se stessi è una bella novità.

Quando capisco qualcosa, senza accorgermene inizio a pregare: così ho fatto. Per un religioso la preghiera più naturale è quella rivolta al Cristo del Getsemani, più solo che mai, e tuttavia non solo. Dio penetra nella solitudine come un battello a vele spiegate in una bottiglia trasparente e vuota.

Ma non è esatto. Dio non penetra, c'era già, ciò che sopraggiunge è la coscienza che quella solitudine era Lui.

Sono eufonici i nomi ebraici della Passione. Golgota, il colle del teschio, che però fa pensare alla gola e alla gota, alla vita; e Getsemani che non si pronuncia *gezzémani* ma *get-sémani*, come in *jet-set*, con una specie di singhiozzo. Ed *eloì eloì lamà sabactanì*, che pare una conta.

Anche *San Sabiniano* è un bel nome che scorre. Figlio dei santi Bonifacio e Tecla. Da bambino giocavo a ripetere una parola all'infinito, sino a una sorta di stupore.

Addormentarsi pregando non mi è mai parso colpevole. Tutt'altro.

Lavoro già da un paio d'ore quando entra Manca – le sacrosante pulizie di primavera. Ho udito come sbatteva la porta. Noi, per fare ogni minuta cosa abbiamo un modo nostro, una sembianza di attenzione. Manca ne è beatamente ignaro.

Anche Fantolini era così. Sarà qualcosa di connaturale in loro, come le scoppolette, i cardigan, l'aria da balia.

Una premonizione: il giorno che entrai per la prima volta nella biblioteca, più di vent'anni fa, Fantolini accese il neon che subito saltò con un crepito, come colto in flagrante.

Questo di oggi, ansimante, sì, ma miracolosamente inestinguibile, è quello che ho fatto sostituire allora.

Lì per lì la stanza nuda ritmata solo dalle costole dei libri riflesse nella graniglia ai loro piedi, mi pareva la mente di Dio. Un passo avanti accese l'eco come a entrare in una casa nuova.

Le piante grasse le ho poi cercate io per non averle da bagnare. Stanno tutte esposte in cima agli scaffali come parrucche in vendita, allegre o comunque bizzarre, ma... di compagnia (scherzo!). Mi riposa che non siano affatto umane, quasi nemmeno vegetali, epperò vive.

Un ficus continua ad allargarsi rasente il soffitto. Mi ritrovo degli insetti tra le pagine. Un giorno devo dire a Manca di portarlo nell'angolo brutto del cortile, estirparlo e quando è secco bruciarlo. Ma queste piante ci mettono una vita a seccarsi.

Bevuto il caffè gli indico il ripiano dei Teilhard. Sale a passarmi i volumi; io penso ad appoggiarli in fila lungo il tavolo, una fòrmica lucida che soddisfa il tatto.

Ma quasi subito si ferma, getta uno sguardo di taglio. Propone un'informazione: «È arrivato il nuovo padre che sostituisce padre Delaserna. Padre Ferrara».

Io acqua in bocca. Quando parla di noi, Manca non dà mai niente per niente. I piccoli ricatti dell'onestà; perché Manca è onesto.

«A Padova stava nel pensionato dove lavora mio cugino.»

Traduco. Se era a Padova, adesso fa il magistero ed è qui per uno degli "esperimenti". Avrà appena trent'anni, ne ha di strada prima dell'ammissione all'ordine, e ovviamente non viene a prendere il posto né di Delaserna (vorrei vedere) né di nessuno.

«Famiglia ebraica?» azzardo. Forse Manca tira verso una

storia di ebrei: non praticanti, non troppo contenti di avere un figlio gesuita eccetera... Di qualche interesse, dopo tutto...

«No, no! cattolica» puntualizza.

Fa tenerezza: a rischio di strafare si produce in una dignitosa pausa. Poi piegandosi mi fa scivolare tra le mani una pila frusciante di «Civiltà cattolica»; e finalmente viene al dunque.

«Dicono che sia un po'...» E con l'indice, che ha curiosamente affusolato, fa un gesto che dopo un istante mi ritorna addirittura dai giorni di scuola. Si flette l'orecchio destro. Come se cercasse di udire un rumore. Ma fissandomi.

Mi viene in mente d'un tratto che io e Manca dobbiamo aver fatto le medie più o meno insieme, alla fine degli anni Cinquanta: lo immagino bravo in applicazioni tecniche.

Lui, intanto, interpreta il mio sguardo assente a modo suo. Diventa porpora, solo sugli zigomi – la verginella! – poi passa a carezzarsi un ciuffo che gli spunta dietro il padiglione. Cauto, aspetta che io sorrida.

Che cinema. Pensare che si è anche lamentato quella volta che a una ragazza che cercava la scaletta io ho detto di rivolgersi all'*inserviente*!

Sia: sorrido. Ha quello che voleva. Subito mi si slega davanti come un ricciolo di burro nel padellino.

È il nostro lavoro, tenere la fiamma bassa, ma sempre accesa.

Come tanti altri laici, Manca pensa: i preti *in fondo* sono uomini come tutti.

Io non nascondo che la vocazione l'avevo sin da bambino, limpida e invisibile come l'acqua per il pesce. Però so anche di essere cambiato prendendo i voti; non sono più il ragazzo che vagheggiava unioni mistiche in refettorio. Sono più vero. Posso dire di essere l'uomo che è uscito dall'amicizia con Simone, ma ne sono uscito! Non andiamo mica in giro con la placenta addosso.

Ferrara non lo conosco. Ma so che chiunque entri nella Chiesa abbandona la sua vita scomposta, fatta di relazioni sterili e casuali, e diventa qualcos'altro. Lo diventa anche "in fondo". Tutti i sacramenti provano che su questo fondo Dio può cancellare e riscrivere, ma soprattutto il nostro sacramento: chiamato "ordine".

Queste due lettere che ci portiamo addosso, "s.J.", sono come "d.C.", segnano l'inizio di un tempo nuovo. Ogni tempo avrà la sua fine. Ma l'apocalisse, dovessi dire, dev'essere ancora lontana (perché il nostro mondo è un minestrone tiepido e ha molto da imparare sia nel tentare il bene che nell'allestire il male: persino i famigerati nazisti sono più prossimi agli orchi delle favole che ai veri malvagi del futuro...). Invece la fine della vita di un sacerdote è sempre certa e ben in vista.

Se penso alla mia morte è come a un'utile semplificazione, un compito (tra miliardi di miliardi) che il Signore potrà spuntare dal suo volume. Mi sembra di fargli un regalo.

L'indomani, un'ora prima dell'alba spingo i braccioli sotto la scrivania, la schiena contro lo schienale saldo, comodo. Ho il libro sotto gli occhi. Dalla sovracoperta un'icona mi fissa con pupille nere esorbitanti.

L'arte dei secoli bui.

Devo leggere le nuove accessioni per intero, e il parroco Montevaccini non lo comprende: be', pazienza. È vero che tra noi gli impegni assurdi sono legione; per miracolo, nell'eseguirli diventano sensati.

Ho attorno più di diecimila pezzi, soprattutto volumi rilegati, di teologia, morale, arte sacra, storia del cristianesimo: se mi chiedessero il numero preciso saprei dirlo, se me ne chiedessero uno saprei indicarlo. Me lo dico da me. Alla fin fine non spetta agli altri di recitarci i nostri meriti.

Ma anche le verità so dirmele, grazie. Le riviste per esempio le guardo appena. È roba gonfiata, leggi leggi e in fine non ti trovi nulla in mano.

Ci sarebbe, sì, da mettere il catalogo dentro il computer. Però il computer lo occupa proprio lui, Montevaccini, per l'internet e per la posta elettronica con la diocesi, i servizi sociali, il gemellaggio in Burkina. Tengo a dire che non ho paura del computer. Lui casomai dovrebbe aver paura di me.

Migliorie insomma se ne potrebbero fare. Potrei farle anche io. Dovrei farle io. Ma si sa che nelle parrocchie mancano sempre i soldi, non sto neanche a chiederli, a che serve... ma se qualcuno, se questo Ferrara viene ad aprirmi il soggettario?

Sarebbe bella!

È che ho solo due occhi. A quest'ora poi dopo mezzo capitolo già mi prudono come due bestiole.

Ma, a poco a poco, si fa luce. Mi piace, la rotazione delle ore. Le lettere incollate lungo gli scaffali adesso mandano un bagliore di lumino: A e poi B e poi C, senza un perché, tranquille.

Tra qualche minuto si apre. Io metto ordine, e intanto l'ordine mette ordine dentro di me.

La prima volta che sono stato assegnato a una biblioteca, ancora a Genova, ero certo che mi ci avessero rinchiuso per farmi fare ammenda di Simone. Non avevo messo in conto il nostro direttore spirituale, padre Massimi, un altoatesino capace di intuizioni sottili. Lui aveva colto il mio smarrimento. Mi serviva una bussola; mi aveva offerto l'alfabeto.

Ma non è un passatempo la lettura. È un penso. La

stessa gente che dice che in fondo non si cambia mai, il momento dopo ti dice che per cambiare basta un attimo. Invece no: ci vogliono cento libri per trovare una sola parola nuova e anche chi legge molto come me non ha quasi mai motivo di esercitare la propria capacità di ritenzione.

Peccato perché i libri, come oggetti, son proprio belli: così pieni e regolari.

Vediamo il primo capitolo. Icone... La prova che una forma d'arte può essere insieme mortalmente noiosa e meravigliosa.

La Bibbia stessa, non è uno scandalo dirlo, si dilunga e si ripete. Anzi con buona pace degli esegeti, la migliore immagine della condizione umana la danno proprio quelle mortifere genealogie della *Genesi*, in cui occorrono intere stirpi francamente impronunciabili per passare da un Adamo a un Abramo. I famosi tempi biblici, del resto noi viviamo sempre in tempi biblici: siamo uomini.

Dirò una mia idea che suona stravagante. Il segno di questa inerzia per me è il cognome. Io prego per i miei morti, certo – e i miei lo sono tutti, morti. Ma prima: portarsi dietro per tutta la vita questo macigno del cognome, che senso ha? Dalle scale monta il solito chiasso.

Come se tu fossi tuo padre (che, se mi si passa la finezza, è già un'appropriazione blasfema: nessuno è suo padre, tranne Uno). E se invece sei (come si deve sperare) un po' meglio di lui, inutile, il cognome vi incatena, vi inchioda. Un'angoscia. Ma basta.

Raccolgo i documenti dei primi ragazzi ripetendo: «Non sbattete la porta». Ma i giovani sono oggettivamente un principio di disordine, non ne hanno colpa.

(E gli ebrei con i loro cognomi di città? Anche al capo opposto del mondo portarsi dietro il proprio piccolo ghetto, il salotto di casa, poveracci.)

Sono tutti molto fotogenici e brutti.

Sono anche stanchi, come se vivessero in roulotte. Lavorano molto, almeno qui, ma la stanchezza se la portano da casa. La vita li consuma, ma non piano come una volta; a vampate.

Uno si fa strada tra di loro.

«Montevaccini mi ha detto di dare una mano qui, per oggi.»

In effetti porta al collo, sopra il maglione, un crocefisso di legno disegnato come una colomba che vola via. È balsa, può ricordare anche un boomerang.

Dunque sarebbe lui. Un giovanotto tarchiato, sano, quasi troppo sano, privo dell'inapparenza che fa il sacerdote.

Si mette subito in moto: si insinua tra le schiene ricurve, smunte dei ragazzi, davvero in questa sala ci si sta stretti, dà consigli, aiuta a cercare libri, legge i loro appunti.

Gli studenti non sembrano dispiaciuti della sua goffa invadenza. Anzi se ne approfittano. *Gaudeamus*! In segreto mi hanno assegnato nomi goliardici, "Monaldo" o anche "Mastro don Gesualdo", niente male devo dire.

A me invece il suo traffico fa girare la testa. È tutto e dappertutto. Ogni tanto lo perdo, poi ecco di nuovo la colomba che si appende agli scaffali, frulla lungo i tavoli e va ad appollaiarsi su una seggiola cinguettando, ma subito riparte. Un cartone di Disney.

Provo a chiamarlo, si desse mai pace. Siede e allunga bene le gambe sotto la scrivania. «Potrei occuparmi dell'assistenza agli utenti, per esempio la tesi di Marco...» (Marco, non ho idea chi sia.) «O dividerci i giorni.»

Mi piego verso di lui. «No, io devo esserci sempre. Sono io il responsabile.» Ferrara sbatte le palpebre due tre volte, fissandomi, era lo stesso mio sguardo su padre Massimi quando mi dava un ordine; o per meglio dire quando lo constatava.

Ora quindi occorre misura. «Però sì, dia qualche consiglio agli studenti. Sicuramente lei è più preparato di me... così fresco di studi.»

Mi ha capito benissimo, sullo spigolo della scrivania gli si sono sbiancate le nocche. Ma d'un tratto sfodera un sorriso: «Non potremmo darci del tu? Io sono Paolo», e tendendomi la mano di taglio si alza in piedi; dare del tu è sempre un modo per prenderselo.

«Don Aldo» ammetto, divertito, in fondo, dalla scenetta. Da giovani si è così formali!

Mezzogiorno. Sono rimasto indietro con il mio libro. *Duccio di Buoninsegna. Maestà. Siena, Museo dell'Opera del Duomo. Massima espressione della spiritualità medioevale.* Mah. Religione e storia dell'arte: nozze adulterine. Infrangono il *ligamen* con Dio. Presto o tardi lo spazio che c'è nelle chiese spinge l'arte in fuori, verso affreschi, archi, musei, città. Dentro resta un vuoto che è pieno, pieno di maestà vera: la *maiestas*, con quella *i* profonda, segreta, un trave sepolto nel muro.

E lui continua a gironzolare. È una specie di danza a suo modo affascinante.

Segue un suo giro, bancone dopo bancone, fermandosi con questo e con quello. Poi scompare. Lo ritrovo al tavolo centrale, con un libro come gli altri studenti, mimetizzato.

Ha sentito il mio sguardo. Come sappiamo che c'è qualcuno alle nostre spalle? Facile: c'è sempre.

Si alza e con una rapidità non richiesta s'avvicina, si piega: «Serve qualcosa?» bisbiglia.

Cerca una via d'accesso per conversare, spostando la testa, puntando le labbra, con la croce che gli sussulta sotto il pomo d'Adamo, proprio come un piccolo nibbio, poverino.

«No. Niente. Grazie»; ma ho sbottato.

Ha un pizzetto nero così rado, che fatico a coglierlo.

Arretra. Mi dà le spalle. Ricomincia i suoi giri.

Omosessuale.

Subito pensata la parola mi irrita, proprio in senso fisico: mi stropiccio il viso, le guance sono farinose, sento lo stesso sui gomiti.

È un termine che trovo molto fuori luogo, arrogante. Non saprei metterlo in una frase. «Nel ristorante c'erano alcune famiglie, un gruppo di giovani e due omosessuali»: non si sente come le parole finali si insinuano, e poi spingono via a spallate le precedenti?

Inoltre sul momento, riferita a un religioso, questa parola mi fa comunque sentire una serva.

«Serva del Signore, *ancilla domini*» mormoro. Questa poi. Certi discorsi innescano tutto un vocabolario storpio.

Parole non richieste. Ripenso a quella parola e mi dico: invadente però vuota. Invadente perché vuota. Può esistere una parola vuota? Visualizzo una sorta di ghirigoro che mi dà le vertigini. Ma sento il mio pensiero che si precisa.

Ecco. È come quando si canticchia: *lallarallà*, non per dire qualcosa ma perché non si sanno le parole. Perché non c'è niente da dire, tutto qui. Il che non impedisce di andare avanti tutto il giorno, a gola spiegata: *lallarallààà*...

I ragazzi alzano la testa. Sto cantando! Taccio di scatto. Le teste ricadono.

Sì, può essere; mi fa quest'effetto, *omosessuale*. Mi calmo, mi si smorza il prurito ai polsini. E al contrario, quando sembra che ci sia troppo da dire, non trovi le parole. Quelle che usi ti stanno strette, ti sembrano insufficienti.

Mentre bastano.

Amicizia sentimentale, diceva bene Delaserna.

Fumavamo qualche Diana. Simone spiegava Küng, la *Gaudium et spes* e il *Nuovo catechismo olandese*; noi a turno leggevamo delle domande che ci eravamo scritti prima di cena. Eravamo in cinque, lui, Primo, Nicola, Defendente e io. Padre Massimi non doveva saperne niente; ma penso che andasse a letto prima apposta per noi, all'inizio almeno.

Ci ho riflettuto, dopo: Simone era uno dei piccoli geni positivi che si incontrano a quell'età. Eccezionale, ma entro certi limiti l'eccezionalità è normale, *id est* prevedibile: qualcosa che ti porta semplicemente a una congregazione a Roma.

Lui questa semplicità non l'aveva. Anche questo purtroppo è normale. Ma voglio continuare a ricordare. Il vizio della memoria, ha scritto qualcuno.

Ci libravamo tutti insieme nei funambolismi di allora, che erano l'apertura al mondo laico, il conciliarismo, il dissenso. Ingenui e furbi: Defendente sapeva aprire i discorsi, Primo chiuderli, Nicola li sviluppava, in un suo stile pedante. Le tre Parche. Simone saldava tutto con un aforisma. E io? Io, pensare, seminavo dubbi: ma così, pro forma. Senza intenzione.

Poi con i tempi stretti dello studio e degli esercizi spirituali, a poco a poco ci siamo ritrovati soli io e lui, a parlare di "fratellanza". E perché tra noi si parlava meglio.

E quanto, si parlava. Dovevano sorgere nuove forme di

fratellanza, nuclei come noi due, o più grandi, comunità di ogni taglia, era questa l'idea.

In realtà non era un'idea ma piuttosto un colore. Una tinta acquerello: che se si aggiunge a qualcosa di concreto, benissimo, ma in sé e per sé stucca o svanisce.

Attraverso queste comunità la Chiesa si sarebbe dunque mischiata al mondo e l'avrebbe cambiato.

Ora lo so: cambiare il mondo – non migliorarlo: cambiarlo per intero – è affare di Dio, nei *Novissimi*; ma nel secolo, del diavolo. Poi "cambiare il mondo" è una formula tipica del mondo, che si odia, e ogni giorno nella sua furia di perfezionarsi si ferisce a morte inutilmente. Noi invece abbiamo già avuto una Croce, e ci basterà sino all'ultimo.

Ma sono troppo duro con me stesso, anzi con il me stesso di allora. Mi sono indurito? E se anche fosse? Comunque no: è che con gli anni, perdi la buccia. Fa da pelle l'osso. E ti vedi meglio.

Ne ho parlato solamente con Delaserna, anni fa. Veniva a darmi una mano in biblioteca, era un diocesano ma di lui mi fidavo: emanava rispetto per i fatti, autonomia, quello che chiamo realismo.

Appena sfiorato l'argomento abbiamo avuto tutti e due la delicatezza di non dire "io": non si deve imporre agli altri la propria storia personale, è come lasciare in bagno la propria saponetta. (Ho sentito parlare dei furti di saponette nelle caserme, e mi sembrano un segno di come esercito e Compagnia siano ancora lontanissimi.)

Mi ha confermato insomma che questa sorta di seconda infanzia durante il noviziato accade. Ha evocato, e io riconoscevo ogni parola, quel senso di trovarsi fuori, tra le nubi, in una specie di tiburio di luce; tanto più in alto quanto più i corridoi spandono quel loro eterno odore di lucido da scarpe, e tradiscono il chiacchierio del televisore.

Poi, diceva, c'è un momento diverso, in cui tutto diventa concreto. È così. Si riprecipita nel mondo in un Lem. Gli scalini del dormitorio erano lisci e pieni, mi portavano, portavano Simone. A fine pranzo l'arancia ci arrivava sul piatto rugosa, piena, arancione, ma anche, come dire, del tutto priva di aggettivi. La dividevamo.

Sono momenti che io non rinfaccio alla mia gioventù. Ma solo questi momenti. Come diceva padre Massimi: «O perdoni, o perdi. Ma bisogna anche saper perdere».

Parole come queste! Amo la Chiesa perché è umana, perché riconosce il limite e sta sulla soglia. Disumano è porsi fuori dell'umanità, ma anche starci troppo dentro.

Così ora so che sbagliavo; sbagliavo eccome. Ma allora no. Chi procede a caso si fa strada tra i dubbi e dubita sempre anche della propria integrità; chi invece ha un tragitto, il passato lo fa arrossire (ma è passato), il presente mai.

Eravamo tranquilli, non facevamo altro che pregare e parlare e a volte, ma in privato, tenerci per mano. Studiarle anche a lungo, le mani allargate l'uno dell'altro, due alberelli nudi su cui crescono le unghie come corteccia.

Oggi preferisco evitare i rapporti tra pari. A parte che comportano sempre un grosso spreco di tempo, esiste un pericolo anche più grave. Allora, che si faceva un gran parlare di "spirito di comunità", non me ne avvedevo.

È la Chiesa; forse soprattutto la Compagnia. Per migliorare il mondo occorre una macchina. Uno di quei bei macchinari di una volta, lenti, ovvii, mai un errore. I mulini, ha mai sbagliato un mulino? è mai impazzito? Leve che muovono ingranaggi. Perciò dislivelli: recinti, gradini, gerarchie, altari. La religione richiede soprattutto discriminazione.

Senza discriminazione ogni luogo e ogni persona sarebbero uguali, si ricadrebbe nell'immanentismo e nel panteismo. E allora incroceremmo tutti le braccia: come stavamo facendo, appunto, Simone e io.

Inazione e rivoluzione del resto non sono che due facce della stessa medaglia: l'abbandono, l'abdicare alla storia. I comunisti che hanno seminato il terrore nel '17 sono gli stessi che nei drammi di Čechov non seminano niente di niente. Un rivoluzionario non fa nulla, finché non fa troppo.

Ferrara è della nuova scuola, quella dei dinamici. Fa troppo e non fa nulla. Più si dà da fare più me lo figuro nella sua stanza, sbieco sul letto, a frinire come un'enorme cicala.

Fr-fr-fr...

Due studenti mi stanno scrutando. Silenziosamente li ringrazio: le loro risatine imbecilli mi restituiscono a me stesso. Sono così indifese, leggibili. Vedere alcuni, essere visti da altri, questo ci garantisce un posto nella nostra realtà.

Anche allora mi accorsi presto di come gli altri a poco a poco facessero cerchio attorno a noi, senza avvicinarsi.

Tra loro vedevo la figura del direttore spirituale: più scura e netta, come una promessa di dolore che però è pur sempre una promessa. Simone invece mi sembrava ora un arcangelo quasi traslucido, ora invece un vitellino ancora molle sulle zampe. Avevo la certezza di non capire più un bel nulla di lui o di me stesso, da quanto eravamo vicini.

In verità eravamo presi in un gioco mentale straordinariamente doloroso. Allucinando, da fratelli che eravamo, ci sentivamo ora sul punto di sovrapporci, identificarci. Io non ho mai invidiato alle madri la gravidanza; e persino l'ubiquità divina mi pare, a me creatura, una tortura simile a quella scelta da Suo Figlio, di avere un chiodo mescolato ai muscoli del polso.

Così andavamo a tentoni, Simone e io. Finché un giorno qualcuno aprì la nostra porta e dopo un tempo brevissimo ma sufficiente la richiuse. Quel giorno viene sempre.

Entra un ragazzo. Vedo i capelli, lo zainetto, altri addobbi giovanili, ma non ho finito di aprire il registro dei lettori che mi passa davanti alla scrivania tranquillo e va dritto da Ferrara.

Ma guarda un po', dev'esserci stato un tam-tam attorno al nuovo bibliotecario. Parlano; sorridono; scelgono un libro (un Ungaretti: così enfatico!) e belli belli si siedono per terra a sfogliarlo.

Mi avvicino, sussurro almeno: «Dovete usare le sedie».

Una voce dal tavolo accanto spiffera "Donald Duck".

Il ragazzo guarda Ferrara. Ferrara guarda me e poi la stanza.

Non ci sono più posti liberi, in effetti. La sala non è mai stata così piena, naturale che si soffochi. Dalla finestra vedo Manca in cortile, si riposa su una delle nostre sedie, il rastrello accanto. Distolgo lo sguardo, non sono un mostro.

Torno alla scrivania. La sgradevolezza della situazione mi colpisce d'un tratto in faccia. Questa strana giornata finirà e lui verrà assegnato al suo compito definitivo. Prendo un libro da schedare, lo rigiro tra le mani: mi è familiare; ma certo, è quello di stamattina. Possibile che io non l'abbia ancora concluso?

Forse è vero, che in fondo fanno i religiosi migliori, come diceva Delaserna. *AA.VV.* Esperti, comprensivi, e soprattutto docili e autorevoli. *L'arte dei secoli bui*. Ci sono anche dei vescovi, dei cardinali, dei... *Capolavori sconosciuti.* Danno molto, e molto ricevono. *Maestro della Cap-*

pella dei Pazzi. Niente a che fare con i pervertiti dunque. Anzi. *2 tavole fuori testo, di anonimi*. E che si dovrebbe fare, mandarli al rogo? Allora meglio con noi. Ora, alzo gli occhi, dov'è?

Gli legge una pagina, un dito corre lungo le righe, l'altra mano è sul suo braccio.

Maestro del Bacio di Giuda.

Quando mi butto a sedere su uno degli ultimi banchi ho ancora il tremito alle gambe e nella testa le scempiaggini di Delaserna.

Chiudo gli occhi. Resta un bagliore di primo pomeriggio, di luce appesa tra le navate. Li apro.

Eccoti attorno a me San Sabiniano. 1908. Stile ferruginoso, bellico. Marmo livido. Pareti spoglie. Un gran rosone latteo. Un box per bambini soldato. Ma ogni stile col tempo cessa di disturbare, si semplifica, diventa bello.

La solennità, la permanenza, che c'è qui l'ho sentita solo quando d'estate torno al paese e subito scappo lungo il greto del torrente in magra, tra le immagini dei miei. Mia madre che non risponde al telefono. Mio padre che versa piano il rosso nel minestrone. I gattini in cucina che si danno la caccia alla coda, mettendoti questo furore di carezzarli o domarli... Tutti lì insieme, teneri e torbidi, nell'afa, tra i ciottoli, dove sbuca l'erbaspada a ciuffi di lingue silenziose... Ma in chiesa fa freddo.

Che ribrezzo i pensieri. Il pensiero è Dio in noi. I pensieri, le dita delle patate.

Non so e non tengo a immaginare quello che fanno quelli come Ferrara. Me lo posso raffigurare, ma come un disegno infantile. Il bambino proclama «È un albero!» e tu pensi: "Sei molto caro, ma non è un albero".

Si parla della loro ossessione del corpo, ma io non ci vedo corpo. Il corpo è un'altra cosa, leggiamoci qualche libro! Il corpo significa. Si parla di atti contro natura, ma gli atti hanno un fine; i loro sono solo gesti. Sai che trasgressione. Dev'essere questo l'orrore della loro condizione: non fare nulla, correre tra gli scaffali; non essere nulla, essere un clown.

Ma questo è niente. Penoso, ma niente. *Lallarallà*. Il nulla non fa paura. Quello che impressiona è la facilità, la rapidità, il ragazzo appena conosciuto. La furia.

Uno così non saprebbe creare una famiglia neanche se gli piacessero le donne.

Io credo che le relazioni dovrebbero sedimentarsi, guadagnare un fondamento. Ecco almeno questo con Simone c'era. Altrimenti è pura forma. Finzione.

Un omosessuale, penso, è un travestito. È un'altra parola forte, ma in qualche modo mi tranquillizza.

Sposto il peso sedendo meglio sul banco. Mi sono proprio piazzato qui come un sacco di patate. Per noi la postura conta, e questo non è stupido; significa. Anche se i Manca hanno ragione a dire che la vanità dei preti è incommensurabile.

Con il suo fatale tempismo mi si mette accanto Montevaccini.

C'è una buona freddura sulla "differenza tra Dio e il Papa": Dio è dappertutto, il Papa c'è già stato. Il nostro parroco, più comodamente, ha portato il dappertutto qui da noi. In men di tre anni San Sabiniano si è affollata di orde scout, catechesi per fidanzatini, la casa-alloggio per i nostri quattro viziatissimi barboni, il convegno sulla bioetica, altro che non ricordo.

Tutte cose simpatiche e utili in realtà. Ma io come sempre penso alle parole, e mi ci smarrisco tra le infinite *pa-*

storali, la *spiritualità*, l'*animazione*, l'*ascolto*. Io ascolto solo quando mi si parla: per discrezione.

Così Montevaccini non mi cerca, e io non cerco lui. So che alla biblioteca ci tiene: ha un debole per il *sinite parvulos*; ma con il roveto di progetti che gli brucia in testa, il mio lavoro di routine passa in secondo piano. Scommetto che pensa: "Roba da suore".

Forse lo sta pensando proprio ora che mi si è seduto accanto e guarda verso l'altare, come nei film di mafia.

D'un tratto, capisco.

È stato lui a far venire Ferrara. Un giovane per i giovani, certo. Ora mi chiederà della biblioteca, mi farà quattro complimenti, e poi annuncerà la mia sostituzione. Finirò a schedare libri in qualche stanzino... Riferirgli le chiacchiere di Manca? Neanche a parlarne.

«Come va la biblioteca?» esordisce. «Viene gente?»

«I soliti» rispondo a voce molto più bassa.

Abbassa il volume anche lui: «Benissimo. Bravo». Mi depone una spolveratina sulla spalla. «E oggi, ha conosciuto padre Ferrara?»

«Appena.»

Ondeggia il braccio come per dire, certo, passo passo vi conoscerete meglio, vi apprezzerete: tutto un lungo discorso che mi lascia ricostruire come meglio mi piace, democraticamente. Si limita a concludere:

«Siamo molto contenti di averlo tra noi.»

E finalmente si volta su di me, con un bel sorriso, invitandomi a salire a bordo del suo "noi" e salpare via tutti insieme. Io sottocoperta.

Ma sorrido ugualmente, per farla finita con le cerimonie.

Coglie il segnale e curvandosi su di me arriva al dunque.

«Vorrei che rimanesse a lavorare con lei.» E mi fissa.

Mi si bloccano le spalle. Continua:

«Senta, io lo so come mai lei è finito a San Sabiniano.» E subito sono di nuovo debolissimo, come allora.

A suo onore si rende conto subito. Mi esamina (devo esser sbiancato) con attenzione paterna. La conosco bene, è la nostra professionale, la mia; ma mi lascio un poco catturare, ne conosco anche le radici autentiche, e me le ripasso.

Anche il giorno che ci scoprirono corsi a chiudermi in camera mia e in attesa di una chiamata seduto sul letto ripassai la mia stanza, letto, libri, quaderni, immagini, come se dovessi ripeterla a qualcuno.

A pregare non riuscivo. Il Dio a cui ci rivolgevamo o almeno mi ero rivolto io, mi dicevo, era comunione; il dissidio, tra me e chi stava per giudicarmi, gli sarebbe sembrato davvero piccolo. Anche la stanza era piccola, troppo piena. Ore dopo, bussarono.

Mi alzai a fatica e lasciai passare nella stanza (quando mi aspettavo almeno il nostro direttore padre Massimi) un prete anziano, forse della diocesi. Era un vero Fernandel, che avevo intravisto qualche volta mettere ordine in sagrestia. Avevo anche sorriso per la sua barba alla cintola. Ora osservai molti altri particolari: le rughe, lucenti; i peli lunghi e radi delle sopracciglia; la forma a sacco.

Chiusi gli occhi. La qualità meticolosa del mio sguardo mi atterriva. Ero già cambiato.

Il parroco mi tocca un braccio. Lo ritiro. «Calma. Non le rimprovero proprio nulla, né a lei, né a Ferrara» è la frase che trova. Sa di Ferrara, dovevo pensarci – sempre meglio pensare che tutti sanno tutto.

Il vecchio prete invece attaccò quella che sembrava una sua omelia di prammatica. In sostanza diceva solo che se provavo dei turbamenti, dovevo rivolgermi a Nostra Signora. Pregare non fa mai male, ripeteva, come se dire che faceva bene nel mio caso fosse poi troppo.

Aspettando che venisse al punto lo ascoltai appena; mentre il mio fastidio mi pesava come la vera, terribile accusa. Ogni tanto insisteva perché restassi seduto.

A un certo punto s'appoggiò allo stipite. «Giramenti di testa dovuti all'età» disse, era ridicolo come fingeva male, ma andò fino in fondo e prima che mi alzassi uscì.

Non accadde più altro.

E invece era accaduto tutto, e su di noi pesava un giudizio. Ma sono troppo enfatico. Un vero giudizio è leggero, e pervasivo. Ci venivano risparmiati compiti, incontri, sguardi, tranne quelli utili a separarci. Il nostro corridoio all'improvviso diventò frequentatissimo, un vero peripato, ma immerso in un silenzio impressionante.

Simone sembrava tranquillo, il che non mi aiutava – tutti sembravano tranquilli. Conservava una sua vena di monelleria, un po' ingenua: mi disse in fretta a cena che eravamo "due clandestini". Troppo esposti, casomai.

Affrontai la mia vita da mostro, che potevo fare? Non ero pentito. Gli amici in fuga mi facevano pena. Però in quei mesi mi ero abituato a guardare bene le cose tutte così vive per me; e ora vedevo le persone e in loro un ripudio, che era oggettivo, e che mi riguardava. Per Simone, invece, provavo la stesso affetto profondo di prima – perché io sono un fedele – ma ora più chiaramente non scelto: da fratelli estraniati.

Mi sentivo confuso, anche spaventato. E provai davvero a pregare la Vergine.

Maria è essenziale alla nostra religione. Non è facile capirlo davvero. Gli ebrei sono nervosi, cerebrali, divorati dalle dilazioni del Messia. Noi abbiamo la Madonna a cui rendere grazie per il protrarsi dell'attesa.

Nostra Signora, la Mater Dei, la Madonna, Maria. Al momento di scegliere, fui ispirato (mi dico) a rivolgermi alla fanciulla, l'Annunciata. Mi pareva di vederla, bassina, sottile e quasi impubere. Pura: cioè, partecipe ma non coinvolta.

Espresse in effetti ciò che dovevo sentire. Parlò della Sua obbedienza, dono del Signore; spiegò che invece di umiliarLa essa L'aveva esaltata sopra le altre donne. Concluse esortandomi a una virtù desueta, la longanimità.

Tutto qui. Ma immediatamente provai un desiderio quasi fisico di piegarmi, scendere, come un paracadutista che miri a toccare il suolo in un punto preciso, e caduto lì si rialza dritto e felice.

Obbedire insomma, ma non lo pensavo come un obbedire a Massimi, o non a lui più che a Simone. Anche i miei superiori, nel censurarmi, occupavano un proprio spazio, obbedivano non meno di me.

"Longanime" pensai. Si entra nella Chiesa per appartenere a qualcosa, e poi ci si trova qui, ognuno in vetta alla sua montagna di pazienza su cui fa pascolare il suo gregge, ognuno isolato dalle sue amate pendici. Ognuno con l'anima lunga, lontana.

Siamo solidali, noi uomini di Chiesa, perché Dio ci lega tutti allo stesso modo; ma in effetti ci lega a sé, uno per uno. Altrimenti saremmo i Medici senza frontiere.

Mi colpì anche, ricordo, il pensiero che "legati" siano detti gli ambasciatori, questi nodi di segretezza, efficienza, solitudine. Mi sentii davvero sposato. A chi? A un Personaggio di un Libro. Intanto avevo cominciato a occuparmi della biblioteca.

Poco prima di finire il noviziato presi i voti religiosi. Simone pure, ma poi lasciò; è ciò che si chiama un *fuggitivo*. Vorrei che non l'avesse fatto, non ce n'era bisogno, e comunque non c'è fuga dalla casa di Dio.

È meglio che i superiori non piacciano troppo. Riesce più facile obbedire, anche il rapporto in fondo diventa più cordiale se c'è un sottofondo di ripulsa.

«Non possiamo mica continuare a isolare, recludere, il confratello che attraversa una crisi di questo tipo, come si faceva ai suoi tempi. Padre Ferrara ha bisogno di deserto ma anche di incontri. Soprattutto gli serve un modello positivo, il corretto rapporto cristico tra religiosi, che poi imposta il corretto rapporto con i laici. Ho pensato a lei, naturalmente.»

«Naturalmente. Io ci sono passato.»

Lo dico fissandolo. Non mi importa di perpetuare l'equivoco; voglio solo misurare la sua faccia tosta.

Infatti tossicchia, distoglie lo sguardo. Non è poi così diverso da padre Massimi. Ma io da Ferrara sì. Allora meglio finirla qua.

«Mi dia un altro compito. Io non saprei proprio come muovermi, sono di un'altra generazione, di un'altra cultura, di un'altra razza. Padre Ferrara è... come dire? vuoto.»

«Vuoto? Ogni errore nasconde una richiesta, una ricerca di senso.»

Sono le sue formulette: ma d'improvviso mi rendo conto, e sì che mi costa, che ha ragione.

Dunque non ho molta scelta. È il nostro mestiere.

La faccia del giornalaio è da fotografare. «È per una nuova pastorale» aggiungo per liquidarlo.

«Ordini del Papa?» scherza, ancora rosso in faccia.

«A rigore.» Lo faccio apposta. Quando noi parliamo sul serio di come operiamo, il mondo può solo scrollare le spalle. Indico un'altra rivista: «Questa ha un bel titolo evangelico».

«"Marco"? Sono annunci.»

«Dovevo immaginarlo. La prendo comunque.»

Ecco, c'è voluto del fegato ma ho tutto qui davanti.

Me lo risparmierei volentieri ma è l'unico modo pulito per capire cos'ha in testa, lui. Verso cosa annaspa.

È anche vero per onestà che sono un uomo curioso di tutto. In specie dell'errore. A suo tempo ho leggiucchiato anche *Mein Kampf*.

Sulla prima copertina c'è un ragazzo come gli altri, disanimato. Sta piegato in una posizione artificiosa. Non devo aspettarmi naturalezza del resto.

Dentro è ancora lui, ma nudo. Impressionante. Forse usano dei trucchi, specchi, lenti? Ho già visto qualcosa del genere in un libro d'arte primitiva.

Con lui c'è un secondo ragazzo stesso genere. Sembra una lotta la loro. A suo modo lo è, suppongo.

A volte un primissimo piano delle parti intime: ma potrebbero anche essere terremoti, comete, eclissi. In questi album, difatti, tutto è irreale.

Leggo i testi. Ripetono ossessivamente le stesse parole. Valore letterario: quello delle giaculatorie.

Nel secondo album i ragazzi sono diversi ma uguali. Le posizioni le stesse, impossibili. Nel terzo pure. Nel quarto.

Ora ne sono certo. L'esperienza della lettura riproduce perfettamente quella che per lui dev'essere l'esistenza quotidiana.

Ma mi prende sonno. Le pagine scorrono, scorrono, scorrono. Fotogrammi. Frasi. Figure acrobatiche. Fasce di un tempio indù.

Sempre la stessa pavana, loro due, tre, quattro, che si afferrano, si svuotano, si afferrano, si svuotano, si afferrano, si svuotano, non si lasciano mai.

E le frasi sempre le stesse: "sporche", ingenue, gli errori di grammatica di cui non ti sei mai davvero liberato, da quand'eri scolaro.

E tutto sembra ruotare in cerchio e sovrapporsi. Tutto visto, scordato, fissato.

Un moto monotono e leggero. Un movimento leggero che affonda.

Non mi sembra assurdo ora che alla fine tutto si sommi in un solo corpo, un solo gesto e una sola parola.

Che non è più corpo, gesto, parola, ma essenza.

Non più contingenza, ma necessità.

Domattina mostrarglieli? Parlargli? Non so cosa farò, dirò. A letto ora.

Nello stanzino di Manca magari. A letto, a letto.

Qualcosa troverò. Sono io. Sono don Aldo.

Doria

Leggera, sono una donna leggera.

È cominciato tutto nei bar. La prima volta all'Euclide, quando uscendo di chiesa ti senti il sedere lesso e le ginocchia dure, poi l'aria e la luce da capogiro, e la comunione che stuzzica l'appetito, e la fila per lo scontrino. Ci avventiamo sulle paste come lupi. Non dico Vale e Piera che si capisce, ma anche io e Mariano e mia cognata, e Raffaele le rare volte che si fa vivo in chiesa. Io prendo solo una sfogliatella. Per me quello è comunque un momento mio. I bambini si godono la domenica col papà; io mi guardo attorno. Sui vestiti delle mie vedovone parioline a volte spicca una bella spilla; qualcuno va salutato; la gente entra ed esce. Io guardo in alto, guardo lontano, mi distraggo, penso a tutto e a niente, mi organizzo la vita e mi faccio venire le idee migliori. Per esempio è in un momento così che ho capito che per Piera la scuola delle suore andava bene, per Vale no, perché lui ha bisogno di un bel po' di disordine attorno: reagisce, diventa ordinato e pulito.

Mi leccavo le briciole dalle dita e pensavo a Raf. A pranzo avrebbe di nuovo raccontato le storie di quando eravamo ragazzi, è unico! Poi Mariano avrebbe portato il discorso su quei *fondi comuni* che Raf lascia volentieri, e lo capisco, alle cure del commercialista. Li guardavo tutti e due mentre cercavano di attirare l'attenzione dei baristi, ma in modo così diverso, pensavo. Raf aveva appoggiato lo scontrino sul bancone e lo sfregava distrattamente con una moneta preparata per la mancia, come un gratta e vinci; ogni tanto faceva un cenno a qualunque barista gli passasse davanti, ma senza troppa convinzione. (Altre volte non fa così. È capace anche di far venire la cassiera.) Mariano invece aveva puntato un barista in particolare. Anch'io al suo posto avrei fatto lo stesso, anche se forse ne avrei scelto un altro, uno con un minimo di espressione: più facile svegliare chi è già sveglio di suo. Lui ne seguiva uno abbastanza giovane... insomma, così come sono giovani tanti baristi, per professione; alto, con la faccia lunga che scherzava di non so cosa sulla nuca di quello dei caffè. Mio marito alzava la mano e apriva la bocca ma non riusciva a finire prima che l'altro si voltasse e scappasse via. Un gesto da timido, solo che Mariano non è timido; e poi i tempi erano sbagliati, sembrava che si fermasse con lo sguardo su quell'altro sguardo troppo a lungo, non per parlare ma *invece* di parlare. Niente, mi sono fatta avanti e ho ordinato io anche per i bambini.

La stessa identica cosa qualche tempo dopo, sarà passato un mese ma la scena l'ho subito riconosciuta, a piazza Santiago, o forse a Sant'Eustachio: c'era di mezzo un teatro. Anche stavolta eravamo con Dina e Raf; è stata lei a dire «Ma dai, Nano, fermalo!» e io ho pensato come al solito che quell'abbreviazione non mi è mai piaciuta, anche se la usano fin da bambini, con quel loro affetto sbrigativo.

Mariano proprio non è un nano. È un uomo ampio, direi, con una bella fronte quadrata, e la bocca morbida un po' corta. Ha un corpo molto robusto, con poca pancia che gli sta bene davvero (anche se quando lo dico lui finge di non credermi); ha dei gesti sciolti, eleganti; veste meglio di me. È un uomo che piace. Una volta abbiamo fatto il gioco di dire che cos'era la prima cosa che ci aveva colpiti nelle persone che poi abbiamo sposato. Tutti barano un po', e il gioco sta proprio lì, come sempre. Dina di Raffaele diceva "le mani", un po' perché è la risposta classica di chi come lei pensa che "gli occhi" sarebbe banale, ma molto di più perché Raf ama le proprie mani, le cura come due bambine, ne va fiero, e lei si prende cura del suo orgoglio. Lui ha detto "il nome" perché Corradina gli piace (piace anche a me) e gli ricorda una poesia di Carducci (a me no). Mariano ha detto "gli occhi". Io volevo dire "la bocca", ma non si trattava proprio di quello; alla fine la mia risposta è stata "i soldi". Hanno riso tutti, chiaro, ma è vero che ha un modo tutto suo di maneggiare le banconote. È come se per lui non fossero soltanto dei coupon. Legge quello che c'è scritto sopra: certe volte lo sento dire qualcosa, mi volto e lui sta annunciando (con uno sguardo attento) che la legge punisce i fabbricatori e gli spacciatori di biglietti falsi. Effettivamente, penso, *fabbricatori* è piuttosto bello. Se poi trova una scritta a penna resta incantato come se fosse un messaggio in una bottiglia. All'inizio mi faceva arrabbiare con il suo modo di usare la cartamoneta per qualsiasi scopo momentaneo: appuntarsi un numero di telefono, farsi vento, addirittura asciugare una macchia di caffè. Poi ho capito che era un gioco (il contrario di "giocare a soldi") e ho giocato anch'io con lui, molte volte.

Ecco, ci sono momenti, nella famosa vita di coppia, in

cui si fa tutti e due insieme una cosa leggera, tipo scappare insieme da un cocktail, o uscire abbracciati nella pioggia. Sono le tipiche cose romantiche, però se le chiami "romantiche" diventano subito pesanti e non contano più, perché il vero romanticismo non è quello art déco che si immaginano i maschi, ma una piccola rivolta contro il peso, contro il noioso. Perciò nella vita è meglio far finta di nulla. Mangiarti le sfogliatelle che sanno un po' di cartapesta, e andare a parlare con i professori, e se piove metterti il loden. A seguire le istruzioni il mondo fila piuttosto liscio, dopo tutto. Poi quando è il momento prendi da parte Mariano e fate senza grandi danni una cosa leggera, segreta, in fondo femminile, e guardandovi negli occhi capite tutti e due che questa è davvero l'eccezione che conferma la regola: e così siete liberi. Tutti i giochi sotto sotto sono importanti, necessari. Le donne lo sanno meglio degli uomini, Piera meglio di Valerio.

Anche quello dei baristi poteva essere solo un gioco. "Non è morto nessuno" mi dicevo. Ma una sera passavo davanti allo studio con un piatto di portata e ho sentito la sua voce: «Certo, caro». Io non sono un'aquila, ma se dopo vent'anni di avvocatura cominci all'improvviso ad alzarti da tavola per prendere la linea nello studio e lì chiami qualcuno *caro* (che è una parola che Mariano normalmente non si farebbe tirar fuori di bocca nemmeno con le pinze, nemmeno per Raf), be', vuol dire. Vuol dire che sta succedendo qualcosa. Mi sono sentita a pelle da cima a fondo come uno strappo di ceretta, quella fredda.

Nei giorni a seguire ho pulito tutta la cucina, anche dietro gli sportelli; per reazione ma anche perché la cucina sta accanto allo studio (l'architetto, come molti architetti, era un demente). Provavo a sentirmi astuta o eroica ma durava poco. "Dev'esserci qualcosa di sbagliato nell'idea che mi sono fatta del mio matrimonio" pensavo scrollando il tubo del vim "se un fatto così mi mette in agitazione." Il famoso tradimento. Come se non avessi avuto anch'io, qualche volta, la tentazione di un flirt; con uomini, non con donne, ma lì per lì non mi sembrava una gran differenza; anche questo poteva capitarmi, chissà. Intanto appoggiavo lo strofinaccio e ascoltavo. Oppure bussavo e chiedevo qualcosa, per vedergli la faccia. Sembrava Vale quando lo sorprendo di notte con i pandorini. (Forse non mangia abbastanza di giorno?) Ma non era un trionfo, per me. Il fatto è che spiando mio marito mi sembrava in realtà di spiare me stessa: come se dovessi scoprire chi fosse poi questa moglie apparentemente perfetta. Una spia da quattro soldi. Era come se ogni tot minuti una goccia d'acqua fredda e sporca scendesse da molto in alto, dalle nuvole, e mi picchiasse esattamente sulla fronte tra gli occhi aperti. L'unico modo per non sentirmi la cretina che ne fa una tragedia era di raccogliere la goccia con la lingua. Parlargli. Giuro, la cosa più schifosa che io abbia mai fatto: come quando la donna è in ferie e ti tocca pulire il wc, che a spronarti c'è solo il gusto di poi buttare via i guanti.

È difficilissimo ricostruire cosa si è detto quando si era molto tesi. Cosa, e soprattutto come. Raf lo sa fare. Una volta abbiamo riparlato di noi due, di come ci eravamo sfidanzati ("lasciati" mi sembra troppo), e lui mi ha ripetuto quella sua famosa frase di allora: «Va bene, mi riconosco sconfitto», *esattamente con lo stesso tono* che mi aveva fatto pensare – la prima volta – che sì, in qualche modo lui in quel momento si stava davvero "riconoscendo". Infatti poco dopo si era fidanzato con Dina. Che l'ha capito, in un lampo e credo senza accorgersene, come io con tutte le mie elucubrazioni ho saputo fare solamente molto molto più tardi.

Tutto questo per dire che: non so esattamente come è suonata in realtà la mia domanda. Qualcosa di vago e un po' odioso, tipo se ultimamente si sentiva attratto da altre persone. Stasera, poche ore fa (!). So un'altra cosa, so che Mariano doveva riderne. Era quello il regalo che volevo. Mi sembrava di meritarlo almeno per quanto ero malmessa.

Invece. Prima si è irrigidito, poi si è messo a parlare. Pezzi di frase, non so quali, e non so esattamente come mai a un certo punto non era più davanti a me «non so non so non so», ero ridotta a un alzheimer. Ma l'impressione è stata questa: eravamo in cucina, la casa è grande ma la cucina piccola; io ho fatto un passo in avanti e lui è semplicemente uscito. Mi sono ritrovata sola. La porta di casa si era richiusa e sentivo tutte le altre camere buie ferme e zitte a respirarmi attorno, come succede d'inverno.

Si era comportato da maleducato. "Maleducato" ho pensato; e allora, illuminazione, mi sono trovata furiosa dalla voglia di dargli schiaffi e graffi, per la sua cafonaggine e perché mi aveva ridotta al punto di guardarlo così: non come Mariano, ma come Abib quando non mi tira fuori la macchina, o insomma come un qualsiasi tizio che può essere più o meno dotato di buone maniere. Poi di botto è arrivata una nausea da piegarsi in due, e in due mi sono piegata; e con la nausea, l'impulso di correre in banca a far bloccare il nostro conto. Per fortuna la Comit a quell'ora era chiusa. L'orario della banca mi ha costretta a drizzarmi, ragionare. Così mi sono detta "un corno, questo pugno qui non è solo il tradimento, qui c'entra l'omosessualità". Ho sorriso come un'idiota.

Questa parola "omosessualità" mi ha sempre fatto sorridere; c'è una storia. Quando ero ragazza i miei genitori avevano un amico, l'architetto Cabrioni. Non so quanto valesse come architetto, me lo immagino che disegna quelle palazzine con i rivestimenti in brick che vai a pulirli; ma i miei lo stimavano moltissimo (ad alta voce davanti a tutti noi figli) perché era un "vero signore". Veniva sempre con dei fiori; parlava piano, raccontando storielle o pettegolezzi devo dire molto blandi, e loro sorridevano. Era anche un "omosessuale". Questo, mio padre se lo lasciò scappare una volta sola, con aria solenne; io subito misi tutto insieme decidendo che "gli omosessuali" erano delle figure molto fini, molto perbene, di cui si parlava poco e solo nei termini migliori. Ovviamente a me sembrava gente grigia, pesante, *mortale* (come dicevamo noi ragazzi). Poi dopo qualche tempo capii il vero significato della parola, ma mi restò il ricordo di quel bellissimo sbaglio. E quando lo studio dell'architetto fece fallimento, e si scoprì che questo Cabrioni se n'era scappato a Parigi con la cassa, lui subito salì di molti punti nella mia stima e io fra me e me dissi ridendo: "Vedete che non era poi così omosessuale".

Ma gli omosessuali veri, quei pochissimi che conosco (vestiti di tweed) ma anche quelli che si vedono in tv (coperti di cuoio), ancora non mi piacciono. Mi sembra che somiglino tutti all'architetto Cabrioni nella sua fase pre-Parigi. Insomma, l'esatto contrario di Mariano, che nonostante ai miei genitori al principio paresse così affidabile e prevedibile, per via del suo studio avviato, dei suoi abiti grigi eccetera eccetera – è un originale parzialmente matto. Un eterosessuale eterodosso e altruista. Un vero eroe, insomma. Perciò l'idea di lui preciso a tutti gli omosessuali, con quelle inevitabili ascot e quei puntuali sguardi per un commesso o un barista, mi sembrava di una volgarità da voltastomaco. Era questo. Presto avrebbe iniziato a dire *barrista*.

Pensare che in quei giorni una volta avevo anche buttato lì la domanda, perché li guardasse tanto. Ha detto che qualcuno, tra quelli giovani, gli sembrava bello: "fisicamente bello". E io cosa avevo pensato? Questo: "A me e a Mariano piacciono baristi differenti". La parola *omosessualità* non mi era proprio venuta in mente, ma a ripensarci mi si era smosso qualcosa sotto, come quando a una festa senti all'improvviso che ti si spostano le mutandine, il fastidio di non poterle sistemare. Il pensiero non è mica fatto di parole, ma di questi grumi che stanno sotto le parole.

Intanto camminavo per le stanze fumando (ho smesso da anni ma quando mi fuma la testa tanto vale che fumi anch'io). Lui era sicuramente andato da Raf.

L'amicizia tra Mariano e Raffaele è qualcosa di strano, ma a me sembra che quasi tutte le amicizie tra uomini siano strane; somigliano a trattative e io le trattative non le ho mai capite, scontentano sempre tutti, e allora c'è più gusto a perdere e basta. Ma per fare un esempio di questa amicizia: quando Raffaele è venuto a dirci che la sua ditta era fallita (lui non era scappato a Parigi! dolcissimo Raf) Mariano ha deciso di aiutarlo lì per lì. Ha riempito un assegno per una grossa cifra, l'ha piegato ad aeroplanino e gliel'ha lanciato. Una scena stupenda: questa bella sala, ben ammobiliata, questi amici non più giovani, in gilet (un'infatuazione che hanno in comune), tutti e due con le dita in aria e gli occhi incantati verso l'aeroplano-assegno che plana per tutta la lunghezza di un tappeto persiano, sullo sfondo delle pareti color crema. Sono contenta di averli visti, aprendo una porta per caso: mi è sempre sembrata la più vaporosa immagine della ricchezza... Solo che Raf è stato al gioco anche troppo bene. Si è alzato in piedi ridendo e ha rilanciato l'assegno, che purtroppo ha infilato la terrazza. L'abbiamo ritrovato in una pozzanghera. Sono certa che se quell'assegno l'avessi mandato io in strada Mariano ci avrebbe fatto una risata sopra. Invece era furioso. Non l'ha mostrato; in fondo Raf aveva solo fatto quello che lui faceva di continuo. Però non l'aveva fatto bene. E poi c'ero anch'io, che all'improvviso ero entrata nel gioco come spettatrice: questo, per una specie di gelosia, peggiorava tutto.

Anch'io sono gelosa di mio marito e del suo migliore amico (lui in realtà dice al massimo "il mio grande amico"); ma di tutti e due – dico davvero. È strano pensare che sono stati, e un po' ci si sentono ancora, rivali per la mia preziosissima mano. Sono così diversi. Con Raf parlo spesso di Dina. Mariano a sentir parlare di sua sorella si annoia. Allora ci racconta del suo lavoro, e io mi appassiono mentre Raf va a versarsi un whiskino. Ora Mariano doveva essere andato da Raf a farsi consigliare... Devo dire la verità, mentre succhiavo una delle sue Rothmans mi è anche passato per la testa che potesse esserci una cosa tra loro due; ma l'ho subito escluso. È che non reggeva. Non so spiegarmi bene: Mariano, ora che ci pensavo, poteva avere quei gusti lì perché aveva anche un lato "così", un lato dolce e impressionabile, che è poi quello delle banconote macchiate e cosa strana è quello che io amo, o meglio, io amo Mariano perché sotto il completo da lavoro lui ha anche quel lato lì. Ma Raf invece è *tutto* fatto "così": per questo è un buono, e per questo non sono innamorata di lui, e per questo sono sicura che non è omosessuale – uno così, se lo fosse stato, lo sarebbe stato fin dall'inizio e fino in fondo. A me sembra chiarissimo. E in questo caso avevo ragione. (Ma è anche vero che su queste intuizioni non c'è da contarci troppo. Siamo come tanti dadi: anche a metterci vicini combaciamo solo con una faccia alla volta, una su sei, faccia contro faccia. Non c'è niente da fare, siamo fatti proprio così, grazie a Dio. Certe volte a letto mi è venuto in mente quanto sarebbe bello avere un contatto totale, di ogni centimetro quadrato, con la pelle dell'altro. Ma occorrerebbe farsi scuoiare.)

Dopo la pioggia di prima serata le strade e i pini si stavano asciugando. I semafori non lampeggiavano ancora, ma corso Francia era già quasi vuoto; e anche la rotatoria di piazza Giochi Delfici, che sembra una giostra di notte.

Dina non è una persona affidabile, in fondo, ma allora perché a lei la gente si affida? Perché è *di fatto* onesta. Secondo me le cose stanno così: lei nella vita ha capito molto presto esattamente cosa sapeva fare e cosa no, e ha scelto di conseguenza. Ha sposato uno come lo voleva lei, uno che non voleva trovarsi mille lavori e contatti e *agire* nel mondo, ma sedercisi davanti e ammirarlo. Così si sono divisi i compiti. Ha anche sposato uno che non poteva avere bambini; a lei i bambini non piacciono, cambiano troppo in fretta. Le piace Piera che però non è mai stata molto bambina. Dicono che ognuno di noi viva portandosi sempre addosso una certa età dell'animo, e che quando poi la raggiunge, si trova (finché dura) veramente a casa dentro se stesso. Se è così, io devo essere una sessantenne, Mariano un diciassettenne, Valerio un settantenne battagliero e Piera ha venticinque anni. Raffaele ne ha dieci – un bambino che non cambia. Dina è l'unica che abbia un'età spirituale uguale a quella anagrafica: quaranta. Infatti ultimamente sembra molto felice. E io andando da lei mi raccontavo tutto questo ad alta voce, così almeno non mi ballava troppo nella testa l'immagine (nettissima) di mio marito con una gran croce tracciata sopra la faccia, che però non era una faccia ma un ovale bianco.

La porta dell'appartamento era aperta. Sono andata in sala, l'unica zona di luce, e Dina mi ha gridato dalla camera da letto: «Mariano è uscito con Raf, non so dove andavano, siediti pure, mi do una sistemata, arrivo». Certo che erano usciti: a casa di Dina non ci si sta, scema che sono. Ci si vede sempre da noi, o fuori. Io stessa non ci venivo da almeno un anno e forse per questo ero stupita che lei dovesse mettersi in ordine. Dina è sempre perfetta. A volte mi aspetto che quando lei esce dalla stanza scorra un titolo, "Gli abiti della signora Pompili Batone sono a cura della Sartoria X". Ma io in fondo lo sapevo, che qui non li avrei trovati, e una buona metà del mio nervosismo in macchina veniva dal chiedermi: ne parlo, con lei, o no? Non siamo tanto intime. Non è che ci nascondiamo le cose. Se ho un pensiero mio non mi viene di raccontarglielo, penso che non la riguardi, nel senso che non le interessa. Ma stavolta forse sì.

È entrata e, Dio mio, doveva aver avuto davvero bisogno di darsi un'aggiustata, perché anche ora era un mezzo disastro. Gonna e camicetta scelte a casaccio, l'ombretto a chiazze e i capelli tutti per aria. Ha aperto la bocca per dirmi qualcosa, ma deve avermi letto nello sguardo perché ha solo stretto i pugni alla bocca mentre un uomo velocemente attraversava l'ingresso e usciva. La porta ha fatto: clac.

Quasi subito, vedendo che non cominciavo a urlare, si è sciolta. Mi ha versato un succo di pompelmo, un altro per sé, e due minuti dopo mi stava raccontando tutto di quest'uomo, raggiante – senza neppure chiedersi perché ero venuta. Era una felicità contagiosa e mi è venuto quasi da esclamare, sincera: «Che buona idea che hai avuto! E poi dirmelo proprio oggi, che ho bisogno di tirarmi su!». L'avrei baciata. In quel momento ha detto: «Non preoccuparti, Raf non lo lascerò mai» e io ho pensato che gli rimarrà vicina proprio perché lo tradisce. Dina è affidabile in questo modo qui. La sua non è ipocrisia; è qualcosa che capisco. A volte (non l'ho mai raccontato a nessuno) io rubo qualche moneta, per esempio la mancia lasciata da chi ha appena preso un caffè. La infilo in borsetta, me la carezzo. Poi esco e la butto come fosse oro fuso nel cappello di qualche mendicante; spesso ci aggiungo un diecimila. È un mio gioco. Anche Dina ha il suo. Raccontare tutto, litigare, divorziare, questo sì che da parte sua sarebbe scontato, insensato... omosessuale, ho sorriso.

Mi sono lisciata la gonna.

Sulla porta ci siamo scambiate un abbraccio e le ho detto che le volevo bene. Era una frase che non dovevo aver pronunciato mai, considerandola, a seconda dei casi, troppo o troppo poco.

Era tardi. Mentre andavo verso la macchina mi sono accorta di avere un uomo dietro, qualcuno di piccolo e un po' scuro, tipo Abib. Mi sono voltata. Era Raf.

Mi ha detto: «Ciao Doria» (di nome mi chiamo proprio così, come il piroscafo e i biscotti). Poi senza una parola abbiamo camminato insieme fino alla macchina, silenziosi, intimi. Pioveva un po'.

Mi ha aperto la portiera: «Buonanotte, marchesa».

Mariano doveva avergli parlato.

«Buonanotte, carissimo visconte.»

Ha fatto un sorriso intelligente.

Ci siamo abbracciati e separati: due persone attese altrove subito.

Non so più chi mi ha raccontato di un uomo che credeva in Dio soltanto di notte, e lo capisco. Le rare volte che guido attraverso la città verso quest'ora, tra le luci automatiche e i palazzi neri come montagne, mi sento debole e povera, assolutamente sola. Per me l'idea di un mio "privilegio" non è legata, sarebbe banale, alla mia casa o ai miei beni, ma alla mia famiglia e ai miei amici. Senza Dina e Raf sarei povera. E senza Mariano dovrei ripartire da zero, sarebbe terribile.

In quel percorso notturno sul viadotto, accanto al Palazzetto dello Sport che sembra un uovo quasi completamente sepolto, e poi su per via Flaminia tra le ambasciate e il mercatino antiquario, mi correvano per la testa dei piani vaghi che con Mariano facevamo da anni di tanto in tanto, dei flash: Valerio alla Luiss, Piera in un college inglese, e per noi una casa verso Sacrofano e finalmente il pastore dei Pirenei che ho sempre sognato. Era come se guidassi proprio verso quel casolare ristrutturato a due piani e dovessi arrivare presto per preparare la colazione a mio marito e correre a letto. Non so, era come se la notte non dovesse finire tra cinque ore ma fosse molto più lunga, durasse anni, e passasse attraverso la nostra buona vecchia casa di via Imbriani (perché non dimenticavo mica che stavo andando lì) ma poi si spingesse ben oltre e finisse con un'alba a Sacrofano. Il tracciato non era visibile, però era chiaro e potevo percorrerlo, bastava un po' di coraggio: allora mi sono ricordata all'improvviso di quella volta che Piera è venuta da me con degli esercizi di algebra che non riusciva a risolvere e quando le ho detto che non ci capivo niente neanch'io (era la prima volta che succedeva) è rimasta a bocca aperta, e d'un tratto mi sono vista con i suoi occhi e ho cucito insieme a quello sguardo tanti altri sguardi simili che mi era successo di risvegliare, e ho capito come mi vedevano gli altri, i miei figli e mio marito e Raffaele e Dina e tanti altri, un donna sicura, forte, che sa quel che ha fatto, e mi sono detta che se lo credevano potevo esserlo.

Nel garage ho trovato solo un posto in fondo, difficile, ma l'ho infilato e occupato con una sola mossa. Poi sono scesa. I garage di notte, bagnati, per me sono sempre *Tutti gli uomini del presidente*: un film che ai tempi dei tempi mi è piaciuto molto ma in fondo mi sta antipatico per via di Redford che è troppo bello, o parla troppo. È stato un sollievo passare accanto alla guardiola. Abib (lui sì che è un nano!) non dorme mai, sorride sempre. In quel momento stava bevendo da un thermos arancione qualcosa che immaginavo molto molto caldo. L'ha abbassato e mi ha sorriso.

Davanti al cancello c'era uno dei suoi amici, un ragazzo che pescava in una scatola di Ritz. Ho pensato: "domani devo dire qualcosa ad Abib" poi invece "no, poveri diavoli".

Ho attraversato l'androne. Abbiamo un androne bellissimo, tutto di serpentina. L'ascensore è arrivato: sono entrata in una doccia di luce calda, mancava solo un lavandino e sarebbe stato un piccolo paradiso. Ho schiacciato il sei.

Poi lo stop.

Perché quello non era un amico di Abib.

Era ancora lì. Mi sono fermata davanti a lui: portava uno di quei loro giubbotti di pelle un po' andati, e sotto una maglietta. Mi chiedo sempre come fanno, venendo dai paesi caldi, a reggere l'inverno a Roma solo con quelle magliette. Magari non possono permettersi altro, ma allora non si spiega il giubbotto.

«Scusi, me lo dà un Ritz?»

Questo era per rompere il ghiaccio, ma è rimasto di stucco. Poi mi ha offerto la scatola. Ho pescato anch'io.

«Senta, lei aspetta qualcuno?»

Me lo guardavo. Non l'avrei distinto dagli altri. Belle facce nobili, giovani però pesanti, tutte uguali, con poco da leggere. Più belle le sue mani, più vecchie. Stringeva i Ritz come un tesoro. Non rispondeva, ma aveva capito.

«Forse mio marito? L'avvocato Pompili?»

Occhi più attenti. Non belli, no. Ma non stupidi.

«Devo darle qualcosa da parte sua.» Frugo nella borsetta. Facciamo cento, la prossima volta saprò regolarmi meglio. Mi viene un dubbio: «Lei capisce l'italiano?».

Stavolta fa un cenno, poi azzarda addirittura: «Sì siniora.»

«Lei conosce l'avvocato.»

«Sì siniora?»

«Certo. Io vorrei che lei fosse un amico, per noi. Uno di famiglia.»

Gli metto in mano la banconota.

«Lei sa che l'avvocato non è... omosessuale.» Mi sento un po' sporca. Non importa.

Ha preso il centomila ma non lo guarda nemmeno. Guarda me. Ho ancora in mano il Ritz. «Se lei lo conosce, capirà...»

Certo che ha capito. Sa già tutto. Si rigira la banconota tra le dita, come se fosse una lettera di Mariano. Dio, sì, in fondo è un bel ragazzo, delicato, con qualcosa che ricorda Dina, forse nella fronte. Ma mi fissa di nuovo: sembra proprio che non si sposterà di lì se non finisco la frase. E va bene.

«Ogni tanto, gli piace giocare.»

Ecco. Ora finalmente fa un passo, un altro, cammina via, corre via a grandi salti come un pazzo e quando passa sotto un lampione vedo ancora che continua a voltarsi verso di me con un'espressione di assoluta, chissà perché, paura.

Mi sento sollevata. Leggera. Giro la chiave. Apro la porta.

Grido: «Amore?».

Venerdì santo
Acqua salata

di Alfredo Ronci

Alfredo Ronci

Lui dice che vive a Roma ma non è vero. O meglio: tecnicamente ha ragione perché abita in una zona – Colle Mattia – che è ai limiti della città, ma che sembra come esclusa dalla città stessa. Un'esclusione che ha trasformato in autonomia, una sorta di paese-non-paese che come un pianeta gira e gira e gira attorno alla Terra. E non se ne preoccupa. Alfredo Ronci ha 44 anni ed è il più "vecchio" dei nove autori di questa collezione. Eppure ha conservato un'aria da ragazzo, con quel fare dolce e goffo che si trascina dietro, quell'educazione che nasconde il nervosismo dell'emozione, quel rispetto per le "Grandi Cose" della vita. Uno potrebbe pensare che sia un ingenuotto, un Candide contemporaneo. Sbaglia. Basta leggere poche righe di quel che scrive e ci si accorge subito che Ronci non conosce innocenza. Nel 1998 è uscito Moana e l'atletica del dilettante *(Moby Dick editore) dove le visioni si mescolano in modo così netto con la realtà che tutto ne appare confuso. L'anno dopo pubblica* L'insonnia delle rondini *(Addictions I libri). I titoli se li sceglie con scrupolo perché non sono mai inutili, mai solo stupefacenti ma piuttosto descrivono una promessa, inaugurano un museo della finzione più reale del reale, dove lui ti conduce per mano. Per otto anni (dal 1992 al 2000) ha diretto, scritto, composto e distri-*

buito una delle più belle riviste letterarie dell'Italia contemporanea: «Il paradiso degli Orchi». Poi, più che stremato, annoiato dalle difficoltà (ma dopo otto anni, che bella resistenza!) ha chiuso la baracca e liberato gli orchi che vagano ormai privi del loro eden. Se uno glielo chiede, lui ti dice subito che il suo grande autore è Henry James ed è magnifico accorgersi che nulla di James è rimasto nella sua scrittura, segno che ha davvero amato, conosciuto e assorbito l'autore dei Bostonians. *Dice anche che considera Aldo Busi un autore fondamentale, soprattutto per il suo* Seminario sulla gioventù. *Anche qui t'accorgi che Busi gli deve essere entrato nelle vene e il grande rispetto che ne ha gli ha impedito qualsiasi fatua imitazione. Ronci, insomma, a dirla breve, è un autore che non ha bisogno di inutili fasti, non ha bisogno della Città, non ha bisogno della Gloria. Contiene tutto dentro di sé e quando "qualcuno" se ne accorgerà sarà sempre troppo tardi.*

Venerdì santo

... l'umanità vive tutta sulla traccia di questa adorazione o memoria del padre.
ANNA MARIA ORTESE, *Alonso e i visionari*

Brutto tempo. Niente che possa suscitare curiosità o morbose attenzioni. Ma per mia sorella brutto tempo equivaleva a venerdì santo. Per anni tentai di capire se era brutto tempo perché era venerdì santo, o era venerdì santo perché era brutto tempo. Bastava un qualsiasi calendario, o il semplice buon senso, per capire che l'ultima ipotesi era da scartare. Ma la prima comportava valutazioni di carattere geografico.

Significava che era brutto tempo in tutta Europa? E in quelle nazioni dove il cattolicesimo aveva messo radici?

Insomma se si escludeva l'Asia, la Russia, la Penisola balcanica e gran parte dell'Africa il venerdì santo doveva essere un gran brutto giorno.

Ma mi chiedevo che tempo dovesse fare per il sedici per cento di cattolici dell'isola di Tonga o negli Stati federati della Micronesia.

A quindici anni compresi che la meteorologia può estrinsecare la sua bruttezza in mille modi. Marzo e aprile avrebbero sicuramente portato pioggia in Italia, neve o gelo nell'Europa del Nord, nuvoloni densi e minacciosi nell'America centrale, siccità nell'Africa cristiana. Con buona pace delle mie perplessità parareligiose e parascientifiche.

Quel giorno era brutto tempo, ma non era venerdì santo.

Nicola m'aveva cercato. In qualche modo ero riuscito a sfuggirgli. Non sapevo nemmeno io perché lo facessi, ma nel gioco delle parti era una fortuna sia per me che per lui.

M'invelenivo per le sue preoccupazioni eccessive, per il suo modo di far pesare le mie assenze. Diceva che ero sempre io a sottrarmi alle responsabilità di coppia. La frase, detta così, m'imbarazzava, ma non perché non condividessi l'idea di un'unione a tutti gli effetti, ma perché mi sapeva tanto di *famiglia*, di un'istituzionalizzazione dei sentimenti che mi feriva.

Eppure mi aveva conquistato squadernando ogni ipotesi di passione. Raccontandomi di come il vecchio segretario del Pci, Luigi Longo, fosse all'origine della sua presa di coscienza sessuale.

Nell'agosto del 1968, a dieci anni, aveva scoperto di essere omosessuale, mentre le truppe del patto di Varsavia scorrazzavano per le strade di Praga.

«Ma si può sapere cosa cazzo c'entra?» gli avevo chiesto.

«C'entra, perché mio padre aspettò con ansia la presa di posizione ufficiale della direzione del Partito comunista.»

«E allora?»

«E allora arrivò solo dopo che Cossutta rintracciò, con una telefonata all'ambasciata sovietica, Giuseppe Longo, che in quel momento era in visita a Mosca.»

«Continuo a non capire.»

«Mio padre era un vecchio comunista... ed era preoccupato.»

«Preoccupato di cosa?»

«Che il Pci potesse perdere credibilità agli occhi degli italiani... invece, in piena campagna elettorale, il gruppo dirigente espresse *"la solidarietà dei comunisti italiani con la coraggiosa lotta dei comunisti cecoslovacchi per la difesa e il potenziamento del socialismo nel loro paese, per un pieno sviluppo della democrazia socialista"*.»

E recitava il comunicato a occhi chiusi, facendo le dovute pause e accentuando, con enfasi consumata, il riferimento alla democrazia socialista.

«E tu?»

«Io approfittai della contentezza di mio padre e mi rinchiusi in bagno con una figurina Panini di Pierino Prati.»

«E lì l'autocoscienza.»

«Già... e non solo.»

Quando mi baciò la prima volta mi raccontò di come aveva rubato duecentotrentamila lire al Partito radicale.

«Ero a un tavolo referendario a raccogliere firme e contributi volontari...»

«Hai rubato nella cassetta delle offerte?»

«No. Rubavo direttamente dalle mani dei contribuenti.»

«E nessuno se n'è mai accorto?»

«Il notaio, ma mi fece l'occhiolino quando intascai gli ultimi soldi. Poi quando chiudemmo il tavolo s'avvicinò e mi invitò ad andare a prendere qualcosa al bar.»

Non ho mai capito perché Nicola raccontasse tutto questo... perché mischiasse l'abolizione della caccia e della pesca con le pulsioni sessuali, perché combinasse la smilitarizzazione della guardia di finanza con l'arte del petting.

Probabilmente perché non era sicuro di offrire col corpo quel che poteva vantare con le parole. Ma quella figura bianca ed elastica mi affascinava: mi ricordava il latte e lo sport. Mi insegnava che intestardirsi con un cliché fisico era una pura maialata.

Mi piaceva il suo passo equilibrato, ma sbilanciato sulla destra, con la testa che invece di fare da contrappeso, accentuava la postura: un arco, o un'uccelliera per pappagallini gobbi.

Non mi piaceva che riponesse in me speranze fuori da ogni dignitosa aspettativa. Così significava duplicare mio padre, restituirmi un genitore ringiovanito con cui pagare dolorosamente altri trent'anni.

«Mi stanchi, è come portarti addosso tutto il giorno.» Gli dissi un giorno che era lontano: New York.

Tornò che era uno straccio, così dimagrito e leggero che per un po' pensai che avesse travisato il discorso.

«Non ti voglio sottile. Non hai capito un cazzo. Ti voglio, se è per questo, anche assente. Con la testa e col corpo. Di solito sei come un elefante sfinito.»

«Cosa cosa?»

Mi piaceva torturarlo con le parole, lui così ossequioso alla pura invenzione, alla facezia raccontata tanto per fare figura, al virtuosismo subdolo.

«Hai capito. Prova a fare come gli uccelli in autunno.»

A quel punto ero io a recitare balle: come quando gli confessai che a tredici anni ero stato violentato da mio zio. Poteva anche crederci, non conoscevo nessuno che non nascondesse dietro un sorriso calmo e paziente, o dietro un'irrequietezza febbrile e ansiosa, una violenza infantile.

E io ero quello calmo e riflessivo. Lui quello agitato ed emotivo.

Allora mi disse che avrebbe voluto esserci.

«Esserci come, scusa?»

«A volte faccio fatica a pensare al tuo passato senza di me. Anche se non ci sono stato mi piace pensare d'aver diviso un po' del tuo tempo.»

Tuttora considero allarmante una considerazione del genere, ma quella volta la barattai per una dichiarazione d'amore coi fiocchi, una lucida (pensa te!) testimonianza passionale.

Non gli risparmiai comunque una stoccata.

«Non esserci è stata una fortuna. Ora mi conosceresti anche per come sono quando non ci sei.» E feci gli occhi cattivi, un po' violenti.

Negli ultimi tempi m'era venuta l'idea di farlo fuori. Per questo cominciai a frequentare Vittorio. Faceva l'idraulico ed era di una bruttezza pasoliniana: quei giovani che mozzano il fiato perché si fa fatica a contare i muscoli, ma hanno gli occhi obliqui, come cani sgridati, e i denti a tastiera, uno nero e l'altro panna, color gelato.

La sera prima c'eravamo visti sotto casa sua. Mi aveva sempre indisposto la sua plateale passività, la sua voglia di rendersi schiavo delle situazioni. Regalava il corpo con la stessa facilità con cui un bambino solitamente sottrae il suo gioco preferito a un compagno di svago. Con una determinazione quasi imbarazzante. Scoparlo significava in definitiva mettere un cazzo in un buco ad apertura meccanica e regolabile.

Lo scopai a metà, perché l'altra non capii veramente cosa fosse.

«Ti voglio vedere» gli dissi con voce suadente richiamandolo al telefono.

«Come ieri sera?»

Sapevo cosa voleva dire. M'andò di traverso la saliva.

«Devo parlarti, è una cosa importante.»

«Ci hanno scoperto?»

«Ma che cazzo dici!»

«E allora?»

«C'è ben altro. Per telefono m'imbarazza.»

«Riguarda me?»

«Te lo dico quando ci vediamo. A che ora?»

«Anche subito. Vuoi venire da me?»

Gli dissi di sì, ma non mi piaceva l'idea di frequentare la sua casa. Era come il proprietario, ti lasciava entrare senza disturbarti, senza recriminare un riguardo sacrosanto.

Casa mia non mi permetteva tanto: avevo sempre il dubbio che la mia presenza fosse un'aggiunta dovuta, ma non inevitabile.

Quando arrivai Vittorio stava smanando il culo. Era un gesto che faceva con una frequenza quasi parossistica. Ma l'intensità del movimento lo rendeva tutt'altro che leggero. Non c'era luminosità nell'atto, né grazia. Non stupivo che rimanesse di carne. Carne buona, ma solo e soltanto per macelleria che sa comunque di morte.

«Ti amo» disse all'improvviso.

Non me l'aspettavo, come non m'ero aspettato che si fosse ripulito dopo una dura giornata di lavoro. E anche qui sbagliava, non capiva che la polvere, la sporcizia e l'alito cattivo, prodotti di natura, affascinavano quel po' da non sentire il desiderio d'allontanarvisi. Quella gessatura di plastica che avevo davanti mi procurò un accenno di nausea.

«Ma che dici!»

«Davvero. L'ho capito poco fa.»

Non gli dissi che alla rapidità dei sentimenti preferivo il brodo allungato. E non gli chiesi nemmeno chi avesse amato prima, se gli altri prima di me avevano mostrato lo stesso orrore per una dichiarazione d'amore fulminea, ma inopportuna.

«L'ho fatta grossa vero?»

«No. Sono sorpreso.»

In realtà ero profondamente amareggiato. In fondo avevo cercato un corpo solo per allontanare una strana idea della vita che mi stava prendendo.

«Sorpreso quanto?»

E come facevo a rispondere? Che cazzo avrei dovuto ribattere? Dovevo quantificare il mio intontimento a decagrammi? O a metraggio?

Alzai le spalle, senza dire una parola. Restituivo la palla.

«Mi dispiace. Pensavo che una cosa simile ti avrebbe fatto piacere.»

«Piacere sì...»

«E poi?»

«Appartengo a un altro.»

«Solo?»

Qui mi stupii, perché l'intelligenza con la quale Vittorio m'aveva risposto meritava una medaglia. Ma non feci a tempo a mostrargli riconoscenza. Smanò il culo di nuovo. Con una pressione tale che il corpo tutto sbilanciò in avanti. Mi venne quasi addosso.

«Ma che fai?»

«Scusa. Ne avevo bisogno.»

«Ma bisogno di che?»

«Non lo so. È una fissa. Come quella di prendere ossigeno quando faccio l'amore. Non te ne sei accorto vero?»

Non me n'ero accorto, ma lo avevo sospettato. In quelle poche occasioni di sesso s'era fatto scopare di schiena e non c'era stato verso di convincerlo del contrario.

«Uso uno spray che contiene ossigeno terapeutico.»

«Cosa?»

«Una necessità che credi? Quando sto lì il fiato è corto.»

«Non lo è invece quando stai in mezzo alla merda del tuo lavoro!»

«Che fai sfotti?»

Era la prima volta che in qualche modo mi si rivoltava contro. Ma sempre con grazia.

«Ma sei andato dal medico?»

«No.»

«E l'ossigeno dove lo prendi?»

«Mio padre ne fa uso, ha una gravissima insufficienza respiratoria.»

«Insomma un male di famiglia.»

«Mio padre è un invalido di guerra.»

«Ah scusa. E smanarti il culo ha qualche significato?»

«Ah, quel fatto lì...»

Mi si avvicinò e mi baciò. Un modo come un altro per togliermi le parole di bocca.

«Allora, cos'è 'sta cosa importante che mi devi dire? Riguarda me?»

«No, me.»

«Per te farei tutto.»

«Aspetta a dirlo.»

«E mica dovrò fare fuori qualcuno!»

«Touché!»

«Che?!»

«Hai indovinato, salame! Quanto vuoi per ammazzare una persona?»

Si fece scopare al solito modo. Ma stavolta rimasi di guardia. Ero più affascinato dai suoi risucchi asmatici che dal suo corpo muscoloso che guizzava come un pesce.

Teneva accanto a sé una bomboletta spray color verde con un tubicino di plastica che praticamente ingoiava quando non riusciva più a respirare. Il sibilo che seguiva era metallico e liquido allo stesso tempo. Lui poi deglutiva, quasi stremato.

«Non ho mai ammazzato nessuno» disse, sdraiato sul letto.

«E io è la prima volta che lo chiedo.»

«Vorrei vedere... ma sicuro che sei sano di mente?»
«E tu non hai voluto mai la morte di nessuno?»
«No.»
«Nemmeno quando ti rompevano i coglioni?»
«Per così poco non si ammazza la gente.»
"Filosofia spicciola" pensai, ma in quel momento ero pieno di lui. Apprezzavo la tranquillità con cui rispettava le mie certezze, le mie prove di civica ineducazione.

Mi guardava e nello stesso tempo con un dito mi lisciava i peli sul petto, poi li arrotolava e poi li srotolava.

«Quando avevo sette anni ho quasi ucciso un compagno di scuola con un sasso» disse tirando su col naso.
«Non c'era premeditazione.»
«Ma c'è mancato poco... ma che fai?»
Lo avevo scavalcato e mi ero sporto dall'altra parte del letto.
«Questa la prendo io.» E afferrai la bomboletta spray.
«E perché?»
«Tu non ne hai bisogno.»
Fu un errore. Gli davo credito: non avrebbe potuto scopare se non in mia presenza.
«E poi voglio assaggiarla...»
«Guarda che fa schifo.»
«Ma non dovresti spruzzartela nel naso?»
«Provaci!»
In realtà non aveva nessun sapore. Era come leccare una lastra di vetro esposta all'umidità invernale. Come ingoiare neve.

«Pensavo peggio... comunque non ti capisco. Questa cosa qui non ti fa niente, ci scommetterei la testa...»
«Lo dici tu.»
Tentò di strapparmi la bomboletta. Gli allungai un pugno sui coglioni.

«Allora mi dici quanto vuoi?»

Non fece nemmeno ah. Si coprì il sesso con le mani a coppa e mi guardò obliquamente. Non era per niente bello, ma pensai di nuovo a Pasolini e all'espressività dei volti del suo cinema. Vittorio era segnato da una bruttezza invitante, da un gioco dei lineamenti aspro e zuccherino. Una lega, di ferro rugginoso e cotone invernale.

«A proposito di cosa?»

«Te l'ho detto: ti andrebbe di uccidere una persona?»

«Mi stai chiedendo troppo. E poi ho già un lavoro.»

Vittorio era uno di quei ragazzi per cui si era tentati di fare o il padre o il fratello maggiore. Aveva la testa squadrata e uno sguardo che spesso svirgolava per posarsi su dettagli insignificanti. E un ardito sorriso: non aveva le labbra disegnate di netto, ma un abbozzo rossastro che tagliava le guance come fosse un insetto. Piccolo di statura sembrava sempre un riassunto degli altri. Quando c'era il sole, un raddoppio di ombra.

Quando andai a trovarlo al cantiere stava confabulando con un capomastro gigante e grasso.

L'uno la metà dell'altro: ma la piccolezza di Vittorio (che era piccolezza relativa, perché la monumentalità dell'altro era un effetto ottico dell'adipe) era compiuta da una gagliardia dei particolari. Le proporzioni s'arricchivano poi di una giustezza obliqua dei passi e delle mosse. Gli alcolizzati e non solo avrebbero detto che nella botte piccola c'è il vino buono.

«Devo parlarti.»

M'ignorò per un poco, poi si volse, ma con lo sguardo a terra.

«Ho da fare. Non vedi?»

«Vedo altro.»

«E cosa?»

«Un uomo spaventato senza ragione.»

Il gigante scoppiò a ridere, senza ragione apparente. Tirò su la cinta stampando i coglioni sotto la sferica rientranza del basso ventre.

«Non sono spaventato.»

Mi resi conto che era un uomo inutile. Ma sulla sua inutilità ci passai sopra come potrebbe fare un carro armato.

«Comunque devo parlarti.»

Vittorio mi fece entrare in un capanno che vedeva la luce solo da un finestra coperta da un foglio di plastica ingiallita.

Si atteggiò un poco, con le mani in tasca e le gambe leggermente divaricate.

«Allora?»

«È necessaria una spiegazione. Davvero... non sono matto... finora abbiamo scherzato, ma io faccio sul serio.»

«Ma non puoi costringermi a uccidere... dai... è assurdo.»

L'aveva detto. M'aveva tolto le parole dalla bocca. Invece di sviare l'argomento c'era caduto dentro.

«E se ti raccontassi tutto?»

«Pensi che troverei una giustificazione?»

«Lo so... non è facile...»

«Non è facile pensarlo, figurarsi metterlo in pratica.»

M'accostai. Lo strinsi tra le braccia e cominciai a mordergli un lobo dell'orecchio. Profumava di stucco e sudore rappreso. Non immaginava che quell'odore era meglio di qualsiasi promessa e che tagliava le distanze come un coltello taglia il burro.

«Ci vedono...»

«Ti preoccupi troppo degli altri.»
«E tu sei un mostro.»
Lo disse col sorriso sulle labbra. Gli leccai il sudore. Sapeva di castagne inacidite.

Nicola tornò da New York la mattina del venerdì santo. Il cielo era ricamato da tanti ovetti di pasqua al cioccolato bianco.
Mi telefonò non appena arrivato a casa.
«Sono dimagrito tre chili.»
Era abile, sapeva farsi piacere, era un giocoliere dei sentimenti altrui.
«Cosa aspetti che ti dica?»
«Non lo so, vedi tu...»
Ridacchiò, mentre lo sciacquone di un bagno ridisegnò le nostre pause.
«Com'è andata? Ti sei divertito?»
Non sapevo aggiungere altro: m'aspettavo che mi sommergesse di paure. Le sue. Che mi confessasse che il mondo all'improvviso era diventato pericoloso e invivibile. Che la sua vita era appesa a un filo sottilissimo. Speravo addirittura che mi dicesse che senza di me poteva morire.
«New York è rimasta la stessa... piuttosto qui...»
«Qui cosa?»
Riuscii a contare i battiti del cuore in una frazione di tempo. E come un matematico insensibile e algido, moltiplicai. Venticinque ogni quindici secondi. Il che significa cento in un minuto.
Ero solo all'inizio.
«È successa una cosa strana...»
«Strana? Raccontami...»
«Non lo so, forse sono io... le mie ossessioni... ma ho l'impressione che qualcuno mi segua.»

«E dove?»

«Dovunque io vada... m'è sembrato di vederlo anche sotto casa.»

125. Un ciclista che avesse dovuto affrontare una salita a questo punto avrebbe collassato. Eddy Merckx aveva 40 battiti al minuto che diventavano 70 sulla cima Coppi.

132. Che frazionati per quattro diventavano 33, come gli anni di Cristo.

«Ma dai non dire stupidaggini, chi vuoi che ti segua...»

«Te l'ho detto... sarà pure la stanchezza, tutti questi viaggi, ma c'è qualcosa di vero...»

«Perché non vieni qui che ne parliamo?»

Reagì, ma stentai a capire in che modo. Inizialmente mi sembrò un singulto, quella specie di pausa fisiologica che ti prende quando non vuoi parlare, ma le parole se ne fregano di te. Poi un grido smorzato, una richiesta d'aiuto. Quando Nicola finalmente rispose m'accorsi dell'errore.

«Ti amo.»

Un sorriso gutturale e strascicato era stato. Altro che lamento sofferente! Un completo riappropriarsi del mio corpo, che non gli riusciva difficile nemmeno via telefono.

«... forse esagero, sarà un pretendente, uno di quelli che hanno paura a rivelarsi...»

«Già, uno di quelli che ti farebbe impazzire di rabbia.»

«Perché?»

«Perché hai sempre bisogno di certezze tu...»

«Tu non me le dai, eppure son qui...»

Reagii pure io. E m'industriai perché non capisse. Ma non aveva importanza. Che fosse grido, sbraito, singulto, sbadiglio, rutto, lamento, invocazione, supplica, preghiera non me ne importava. Lo aspettavo a casa, pronto a issarmelo sulle spalle, per quanto alleggerito.

Arrivò Vittorio.

Avevo apparecchiato la tavola come nelle grandi occasioni, cioè in quelle occasioni in cui il comune mortale ritiene d'aver pasteggiato a pic-nic, sobrio di un goccino di vino, tanto per colorire il viso, e lo stomaco inverzurato, perché all'aperto la dieta di carne è sconsigliata.

Lui aveva un jeans scolorito sul davanti, dove le mani non pregano e nemmeno esitano, ma giocano duro e una maglietta bianca a maniche corte con collo ricamato da una riga nera.

«Passavo di qui.»

Trovò il tempo di allungare il passo e chiudersi la porta alle spalle.

Profumava di fresco, ma era lontano dalla stagionatura dei vecchi formaggi, che per presentarli si marchiano di lusso. E non era nemmeno sporco di calce. Insomma, per la prima volta mi si presentò come via di mezzo.

I pettorali prominenti costringevano la maglietta a muoversi come gonfia d'aria all'altezza degli addominali, ed era un effetto irresistibile, perché sotto si poteva immaginare qualsiasi cosa: la durezza, la compattezza, un leggero rilassamento sui fianchi, la forma dell'ombelico, la peluria.

Conoscevo il corpo di Vittorio, ma vederlo davanti significava scoprirlo di nuovo, ridisegnarlo tra gli occhi e la testa. E lui sapeva. Sapeva che dietro il mio sguardo, a volte anche severo, si nascondeva l'applauso.

«Non mi dire che mi stavi aspettando.»

Gettò un'occhiata alla tavola.

«Veramente...»

«Ho capito... un altro...»

Ero stordito, avrei preferito che avesse fatto un nome, che avesse avanzato almeno dei sospetti. Se ne stava lì, che a concedergli un bis era un'esagerazione, con la bocca un tantino storta e i denti sporchi ad arrischiare un ghigno.

«Ho invitato mia madre, stupido, oggi è venerdì santo, lei ci tiene...»

«Tua madre?»

«Non lo sai come son fatte? Da quando ho perso papà si sente sola. E le feste vuol passarle con me.»

«Avrebbe dovuto invitarti lei... di solito.»

«A Pasqua. Il venerdì santo tocca a me.»

Non si nasce bugiardi. La bugia la si conquista col sudore e con un batticuore violento. Non credo all'indifferenza di chi ci sguazza in continuazione. Prima o poi demordono, altrimenti muoiono.

«Non puoi stare qui... lei non sa di te...»

«Ci avrei giurato...»

«Cosa pretendi? Che le racconti la tua mania dell'ossigeno, il tuo lasciarmi entrare come se fossi padrone dell'universo?»

«Raccontale della tua voglia di uccidere.»

«Non parlo mai dei miei desideri più sanguigni.»

Speravo che capisse, che andasse oltre le parole, ma era curiosamente determinato, quasi granitico. Facevo fatica a riconoscerlo. In altri momenti il corpo avrebbe violato la propria interezza, riducendosi a una pozza d'acqua ai miei piedi. Ora mi sovrastava, mi suggeriva che oltre le montagne ce n'erano altre.

«Stai aspettando Nicola, vero?»

«E se fosse?»

«Non mi meriteresti.»

«Le ho tentate tutte, t'ho anche costretto ad aver paura. E credimi, non è poco.»

«E io ho subìto...»

Cercò un sorriso, un modo come un altro di distrarsi, perché la fermezza gli era pesante, quasi insostenibile.

«Ho anche pensato d'aver costruito questo corpo per te, per farti piacere, anche quando tu non c'eri.»

La solita storia, il vecchio ritornello che rimbalza come fosse una pallina da ping pong.

Pling, ci sei?

Plong, non ci sei?

Pling, c'eri?

Plong, non c'eri?

Pling, ci sarai stato?

Plong, non ci sarai stato?

«Ho saputo che l'hai seguito.»

Si avvicinò e mi accostò la bocca: l'alito era appena sopportabile, ma chissà perché tentai di mordergli le labbra.

«Ho seguito chi?»

«Dai, non fare lo gnorri...»

«Te l'ho detto: puoi chiedermi tutto, non quello...»

«Eppure qualcuno l'ha seguito...»

«Non ero io, ho altro da fare...»

Mi era superiore, come mai avrei immaginato, lontano dalla patina (solo quella!) che era sempre stato. Per questo non gli credevo.

«Spero che non l'abbia fatto soffrire...»

Rise.

«Ma sei matto? Chiediglielo quando verrà qui... io adesso me ne vado.»

Uscendo dalla porta m'allungò la mano.

«Prendila una volta tanto, senza contropartita.»

Acqua salata

Chi è, che cos'è e qual è la natura del suo rapporto con Theodore?

HENRY JAMES, *A Light Man*

Non mi piace osservare i bambini che giocano: rivelano una crudeltà intollerante. Un istinto di sopraffazione che trascende le differenze sessuali. È un bel paradosso per chi deve rappresentare il futuro dell'umanità.

Non mi piacciono quando si toccano, perché il gesto esprime non il desiderio del possesso (che è degli amanti), ma dell'annichilimento. Una forza mostruosa che è il sepolcro di ogni sensibilità.

Non mi piacciono nemmeno quando calmi e stanchi fiutano ricompense, come se a loro tutto fosse dovuto per una sorta di patto con Dio. No, sono i bambini che hanno creato Dio, non viceversa: non si spiegherebbe altrimenti l'iconografia classica che preferisce all'astratto le madonne con neonati in seno.

Ce n'è uno che mi sfiora, che tenta disperatamente di farsi notare, che vuole distrarmi.

«Stai alla larga e non riempirmi di sabbia.»

La spiaggia di Capocotta è illuminata da un sole ovattato che le imbianca l'orizzonte e il cielo. Nient'affatto sguaiata, perché le grida che la ricamano sembrano sempre venire da lontano, dalla poca gente che smarrita tra le dune e l'arena s'incanta.

«T'ho detto di andartene.»

Mi guardo attorno in cerca dei genitori. Non scorgo nulla, tranne un cane che si è appisolato sotto un ombrellone scavando un rifugio di granelli umidosi.

Ho bisogno nuovamente di acqua: il bar, ad appena venti metri, sembra una meta. Più che altro una pausa di vita, perché non ci si può lasciare dietro l'incompiuto senza mortificarsi dentro.

«Ma che stai facendo?» mi grida il bambino. E solleva una nuvoletta di sabbia che momentaneamente mi acceca.

«E i tuoi?»

Cerco di trattenere una bestemmia, di divorarmi a poco a poco per non cedere alla tentazione del delitto. Vorrei prenderlo per i capelli e affogarlo nel mare, pochi metri dopo il bagnasciuga, in modo che possa ritornare spento, sballottato dalle onde, allo sguardo degli altri.

«E i tuoi?» ripeto asciugandomi gli occhi.

«Non ci sono.»

«E tu sei solo?»

«C'è mia zia» e mi indica una donnona, vestita con un tessuto colorato a metraggio che l'avvolge come una mummia, che distrattamente si aggrappa all'arte di risolvere quiz.

«Perché non vai da lei?»

«L'importante è che non faccia danni.»

«Prova di nuovo a gettarmi sabbia e t'impicco a quel palo.»

Il bambino ride e fa il gesto di tirarmi un calcio. S'impenna come un cavallo e poi corre verso la zia.

Il bar è silenzioso, l'aroma del caffè è sopraffatto da un residuo di crema solare e da un puzzo di pesce ai ferri.

«Una bottiglia di acqua minerale.»

Respiro profondamente: il tramonto sul mare è nascosto da una fuliggine compatta e grigiastra. Ma il caldo è scomparso, trattenendo le ultime venature tremanti sui rilievi più esposti.

«Liscia o *gasata*?»

Il ragazzo del banco m'arriva alle spalle, ma ha la tostezza di chi non si è mai lasciato ingannare dagli scherzi della natura. Le braccia sono resistenti come fili di ferro.

«*Gasata*» dico, imitandolo nella cadenza romana che vuole una "g" gutturalmente grattata e una "s" strascicata come un verme di mela.

«Un litro o mezzo?»

Sospiro e gli indico una mezza bottiglia.

«Se occorre ne prendo un'altra.»

Il ragazzo sorride, vorrebbe accennare un gesto di complicità, come se fossi suo amico, come se la mia apparente disponibilità lo inducesse a un'apertura di credito. Si trattiene perché in fondo è discreto, perché i suoi occhi hanno cercato nei miei un'avventatezza che non c'è mai stata.

«Sai di chi è quel bambino?» gli chiedo.

«No, ma sta spesso qui.»

«È da un po' che mi sta rompendo le palle. Che devo fare?»

«Quella lì è la zia. Prova a dirgli qualcosa.»

Quel pronome personale sbagliato ha un senso: la donna si erge improvvisamente monumentale e maschia, afferra il bambino per un braccio, lo solleva da terra e gli fa fare due avvitamenti su se stesso.

Poi grida e alza coi piedi di carne addensata una tempesta di sabbia.

La bottiglia d'acqua minerale è in realtà un pezzo d'Alaska. Che si scioglie lentamente in goccioline frementi e rapide sulla copertura di plastica trasparente.

Lui m'aspetta coi gomiti poggiati sull'asciugamano. E guarda cosa ho in mano.

«A che ti serve così?»

«Perché?»

«Non basta nemmeno per lavarmi il viso.»

«Basterà.»

M'allungo accanto a lui. L'odore del mare non cancella quello del suo sudore. Che cerco appena m'avvicino alla spalla.

«Bisogna aspettare, è un pezzo di ghiaccio.»

«Lo so, si vede da come la tieni.»

Appoggio la bottiglia in terra e intorno le costruisco un sostegno di sabbia calda.

«Così stiepidirà prima.»

Alzo gli occhi. Mi piace quell'aria dismessa che ha il mare, precocemente illanguidito da una volontà di sonno. Come se tentasse di adagiarsi per non essere disturbato più, in eterno.

Il vento, un accenno appena, un alito come sempre si dice, anch'esso si smorza, a tratti, in simbiotico letargo.

«Hai visto...» mi dice lui «... c'è una sposa sulla spiaggia.»

«Una sposa?»

«Guarda laggiù» e per indicare il bersaglio m'afferra la mano e la bacia.

«È vero.»

Mi giro: so che in questo momento segue la linea delle mie spalle. Io cerco di stringere gli occhi e di mettere a fuoco la sposa.

Sarà a duecento metri da me: ogni tanto tiene nella mano destra la coda del suo abito e civettuola e rumorosa comincia a correre. A piccoli passi, con il tacco delle scarpe che sprofonda nella sabbia.

Lo sposo le è accanto, sembra raccoglierla come uva, quando lei esausta per gli scatti e l'energia consumata, si squilibra quasi ubriaca.

«Ma davvero pensi che sia così?» chiedo.

«Così come?»

«Tutta quella gioia... quasi esasperante.»

«Li voglio vedere dopodomani.»

«Dopodomani?»

«Domani è ancora presto... stanchi per la cerimonia e per il pranzo.»

Azzardo un commento più riflessivo. Mi chiude la bocca e mi dice che dovrei aprire la bottiglia d'acqua.

Allungo un braccio: la plastica s'è irruvidita, al tatto la mano s'incrosta di granelli umidi e fastidiosi. Tento di pulirla, ma riesco soltanto a impiastrarmi di più.

«È ancora fredda.»

«Non importa, dai...»

«Ma sicuro?»

«Te lo sto chiedendo!»

Tolgo il tappo alla bottiglia. Verso poche gocce d'acqua sul suo petto. Lui inclina il collo in avanti in modo da creare una leggera rientranza all'altezza degli addominali.

Bevo.

«Fredda?»

«Dai, ancora.»

Gli dico di accostare le braccia ai fianchi. Così compresso mi offre una superficie maggiore. Gli verso tutto sopra e poi m'adopro.»

«Anche qui, guarda...»

«Dove?»

«Qui, sotto il collo.»

La fossetta sotto il pomo d'adamo rilascia una trasparenza che subito muore, appena appena salina.

«E qui? Nell'ombelico?»

Bevo ancora, chinato su di lui come un santo che s'affaccenda sulle anime altrui, in vena di miracoli.

«Ma hai sete?»

Di nuovo il bambino, che si è intrufolato silenziosamente, restituendo alla sabbia carezze inaspettate.

S'è sganciato dal donnone, da quella massa di carne che ora lo guarda, in lontananza, con le mani sul grembo. Una madonna che si è moltiplicata esponenzialmente, che potrebbe umiliare la spiaggia se solo decidesse d'aggredirla, come fa il nipote.

«T'ho detto di lasciarci in pace.»

«Ho chiesto se avevi sete.»

«Lo vedi quel palo là, ti c'impicco.»

Non mi va di pazientare, nemmeno di tentare un compromesso che metterebbe a riparo le mie pulsioni distruttrici. Il bambino ha la sfacciataggine dell'intera umanità, di quell'umanità che si è imbastardita dietro a desideri repressi, a una sessualità vicaria, all'inquietudine del possesso.

«Se non sparisci ti pesto.»

«C'è mia zia.»

«Pensi che mi faccia paura?»

«L'altro giorno ha picchiato il macellaio.»

Ci credo. Tutto sommato penso di temerla. Mi ricorda una donna di tanti anni fa che, per riscattare un affronto subìto dal figlio, mi rincorse per chilometri nel tentativo di spaccarmi la testa.

«E la sposa l'hai vista?»

Mi giro: è ancora lì, adagiata sulla sabbia che aspetta il

peso dello sposo. Lui in piedi le allarga le gambe con una scarpa e poi le insinua il piede sotto l'abbondante plissé merlettato.

A questo punto le si getta sopra e ride, rumorosamente, come farebbe un fucile col suo rinculo.

«Ma si stanno amando?» chiede il bambino.

«E tu che ne sai?»

«Me lo ha detto la zia.»

«Cos'è che t'ha detto?»

«Che a volte si fa così.»

Mi alzo di botto e faccio il gesto di allontanarlo con le braccia. La donnona se ne avvede e fa un cenno d'assenso.

«Ho sete» mi fa lui.

«Non ce n'è.»

«Che ti avevo detto? Non bastava nemmeno per lavarmi il viso.»

Mi scappa da ridere. Poi ripeto le sacre gestualità: il camminare, il raggiungere il bar, chiedere una bottiglia d'acqua, pagare e ringraziare, subire l'ammicco del ragazzo con le braccia che sono fili di ferro.

«Lo sai? Non c'è bisogno di scaldarla.»

«Perché?»

«Non l'ha presa dal frigo, è a temperatura ambiente.»

La sposa sta gemendo: si agita con esagerata scenografia, mentre lo sposo le blocca le braccia e insiste nel morderle il collo.

«Facciamo come loro, no?» dico.

«Non ti sembra tutto un po' falso?»

«Forse, lei è isterica...»

M'attacco alla bottiglia, mi gonfio d'acqua e poi mi chino su di lui per riversargliela in bocca. Accetta senza dire nulla, anche il rivolo che sfuggito gli solletica il collo e la spalla.

«Mi piacerebbe scrivere quello che faccio.»

«Perché no?» Ha gli occhi lucidi e un pochino gonfi. Tenta di alzarsi, ma lo costringo a rimanere sdraiato.

«Perché mi sembrerebbe di tenere un diario. Tutti oggi hanno un diario, le donne che muoiono in ospedale, le studentesse uccise all'università, il manovale che cade da un'impalcatura. Non è nemmeno tanto originale.»

«Ma non è originale quello che stiamo facendo.»

«Lo so, ma in qualche modo potrei stravolgerlo. Forse ci penso. »

La sposa sembra una trottola, la sua esagitazione rasenta quasi la follia. Poi comincia a spogliarsi, ma il gesto è improvvisamente rallentato come se volesse dare un senso a un capriccio dopo l'esagerazione.

L'abito le scivola come farebbe un pezzo di sapone. Lo sposo non l'asseconda, la controlla: sembra un vecchio ferroviere, uno di quelli che batteva sotto i vagoni per controllare i freni.

«È proprio matta» dico.

Te l'ho detto, dopodomani dimenticherà tutto.

Forse prima... sembra quasi una commedia.

Lo è: la sposa nuda rivela un membro in erezione che lo sposo guarda con compiacenza e un pizzico di desiderio. Poi anche lui comincia la cerimonia della svestizione mentre l'altro, in piedi, con le mani sui fianchi ingrassa l'eccitazione con la mano che scopre in continuazione il glande.

Passami l'acqua.

Sorride come solo lui sa fare. Gli uomini sorridono meglio delle donne, perché l'illuminazione è continua, senza stagioni di nuvole o improvvisi temporali. Conoscono il gesto della seduzione come se fosse creazione.

Hai sete?

Stavolta ride, mostrando denti leggermente ingialliti, che nasconde quando s'appresta a baciare: ma non è vergogna di sé, anzi, è il completamento dell'incantesimo.

Tu hai sete.

Si gonfia lui, di acqua, che mi riversa dentro la bocca e addosso. Con le mani completa l'operazione, ma non sembra accorgersi di quanta ne è fuori, perché le carezze sono appena suggerite. Non asciugano, ma limano appena la superficie della mia peluria.

Gli sposi sono in mare, appena appena distinguibili, sembrano nuotare esattamente come hanno affrontato la farsa: sollevano spruzzi come palazzi, s'immergono per riemergere come pupazzi presi dall'orgasmo di rappresentarsi a tutti i costi.

«Cosa racconterai di questo?» mi chiede.

Di noi o degli sposi?

Di noi. Gli sposi non esistono, se non per lettori distratti.

Mi piace quello che ha detto, rispecchia l'idea che mi sono sempre fatto della letteratura.

Preferisco l'acqua salata... anche di questo si può parlare, non credi?

Certo che ci credo.

Sento che sta per alzarsi, che gli è sufficiente avermi affascinato. Mi guardo attorno distratto. Il bambino si è impossessato dell'abito della sposa. Se lo è appoggiato sulle spalle, con lo strascico che adesso sembra un funerale di rondini a pancia in su.

La zia grida disperata, ma non riesce a raggiungerlo, a impedirgli che chi è in mare soffra un po' d'angoscia.

Senti, vorrei rivederti, mi chiamo Federico.

Mi dà la mano, la raccolgo e m'aiuto ad alzarmi.

Faccio di sì, mentre il bambino strepita. L'abito sarà di animali morti e lui grida osceno come una iena.

L'uva primaticcia

di Marco Lanzòl

Marco Lanzòl

Ha scelto uno pseudonimo che fa pensare a un lenzuolo bianco steso al sole, custode intermittente delle brevi ombre che produce l'ondeggiare delle pieghe al vento su una terrazza della periferia romana. Un tempo Marco Lanzòl dava del lei a tutti e da tutti lo pretendeva. Dopo qualche momento di disagio, scoprivi che era divertente parlare con lui. Non riuscivi a capire se ti stesse prendendo in giro con quel suo linguaggio forbito, pieno di aggettivi dismessi, pronto a chinare il capo per un breve inchino davanti a un'affermazione condivisa. In Piccoli Italiani *(Baldini&Castoldi) ha descritto la romanità postpasoliniana, giovincelli che puoi trovare nei quartieri piccolo-borghesi lontani dal centro, dai caseggiati pieni di rumore e di rispetto domenicale, con sotto lunghe file di negozi dai marchi di incerto lusso. Ragazzini quindi che se ne vanno a via del Corso col gusto di far danno, smanettandosi le patte dei jeans e suscitando le ire e i desideri di noi che dovremmo appartenere a un'altra razza e a un'altra età. Si trattava di pischelli per nulla innocenti. Non tanto violenti quanto scafati, pronti a copulare tra loro (e subito a sbeffeggiare le copule) sotto qualche anfratto tra i piloni della tangenziale o nei campi di Monte Sacro per poi tornare nelle case umide, tra i vapori delle minestre, le madri ossigenate e vestite secondo il gusto deriso dai più fini, i padri eterni ragazzi su moto potenti, su macchine lucide, indefessi scopatori di femmine. Lanzòl possiede un linguaggio che lo rappresenta e lo stordisce. Obbliga il lettore a seguirlo con fedeltà altrimenti lo abbandona e chi s'è visto s'è visto. Quando ho avuto tra le mani questo racconto sulla lotta partigiana (che – ahimè! – gli ho chiesto di accorciare) son rimasto stupito e muto. Niente più scale e palazzoni periferici, non più il gergo dei romanini ma la lingua dura della guerra civile, degli assassinii, degli agnelli sacrificali. Gli ho chiesto se ci teneva davvero tanto ad aggiungere le sue fonti di ispirazione. «Certo che sì» mi ha risposto con voce trasparente. «Non vorrei che poi si dicesse che non ho pagato il mio debito di riconoscenza a quegli autori.» Un giorno gli telefono a casa e una voce maschile (il padre?) mi fa: «Ora glielo chiamo». Poggia la cornetta su un mobiletto e sento l'indolente e tipico tramestio di un pomeriggio romano che sta concludendosi. Una voce di donna (la madre?) echeggia a distanza: «Stasera faccio gli spaghetti alla puttanesca... Tanto per cambiare, no?». Una rapida gioia serotina mi si attacca addosso, e una famiglia si prepara alla quiete stordente prima di cena.*

L'uva primaticcia

... e ho imparato a bere sempre un sorso in più...

CARMEN CONSOLI

... come se il cortile, lastricato a sassi grezzi, emisferici, e consunti per il viavai di bestie e uomini, rifrangesse in venature ialine e candide la gelida fiamma blucerulea del sole, divelta dalla cupola amaranto del cielo, colma di furia feroce. S'illumina l'uomo-orchestra, col gìbus metà schiuso metà floscio sui capelli aragosta, la fisa a pochi registri, dal suono di glockenspiel, acrobatica tra le mani dalle dita lunghissime tinte viola e prive di articolazione, simili a canne di vetro e stecche d'osso. L'uomo ha per gobba l'enorme cerchio ventriforme della grancassa, e la ribatte con una mazza in cuoio ruggine, i piatti d'ottone crosciante fermati da legacci carnosi intrisi del sangue colato dalle caviglie che segano. La figura ipercinetica sfuma allo sguardo in aloni policromi giallo acido verde fluo celeste massiccio turchese nero d'avorio che accordano in rapidi transiti di gamma col fondo ocra latte e nero colloso dei muri figurati dalle spesse linee di contorno, e resi tangibili da crepe dove alloggia poca terra, ma sufficiente per far nascere qualche tralcio di parassite e fiori scandalosamente rigonfi dall'incarnato rosa. Gira gira e volta in prilli rossi la maschera: intona con la fisa in strida e picchi una canzone, stamburando sulla grancassa la clava

batte e ribatte finché le crepe del muro si dilatano e affondano in tagli che spartono le scarne facciate delle case di biscotto e il cortile muta nell'inizio di una sterminata piana, in lontananza il sole s'affloscia e l'uomo-orchestra rifolgora nel suono crocchiante apre gli occhi e c'è un bidone nero, rotto da una feritoia. Colpendola, la fiamma si sparge in scintille bianche.

C'è poco d'altro, nella caverna. Comunque, poco vede: un paio di secchi di tela, a soffietto, qualche cencio, delle pentole e un cassone di legno. Si alza e si muove incerto, tastando i muri di portamento, scabri di salnitro e licheni, della grotta. Quando giunge alla fine del breve corridoio, s'accorge della forma a L della cava. La luce che vedeva era l'alone di quella esterna: avanza rapido, i suoi piedi scalzi vanno lisci sull'impiantito regolare e muschioso.

Orso pela le castagne, e guarda il ragazzo che esce dal buio con una mano sugli occhi a pararsi dal riverbero. Principe smette di leggere da un libro malconcio, e osserva il giovane: il pallore della cute è da anemico, le coste s'indovinano prominenti sotto al maglione, il collo è di poco allungato, sudicio d'uno sporco terroso. Guardandogli il volto ellittico, il partigiano s'accorge che il naso è senza gobba, e i primissimi peli corti dei baffi gli sottostanno. Le labbruzze sono color vino. Ora che s'è scoperto gli occhi, si nota che sono infossati e pesti, scuri all'iride, tesi, stretti.

«Appena entri la grotta, a destra, dove stanno i picconi, ci sono le tue scarpe. Mettitele sennò ti ripiglia la febbre...»

Consigliato il ragazzo, Principe ricomincia a leggere. Il giovane scalzo s'avvede allora dell'uomo che sta gettando delle castagne nella pila e che non si interessa più a lui.

Così, non gli rimane che avviarsi per l'arco di roccia che è l'ingresso del covo; entra, e, recuperate le scarpe, le infila, stringendo i lacci. Appena è di nuovo fuori, incontra Nico, che squadra le sue gambe aguzze, le braccia a stecchino, drappeggiate dal maglione bislungo, di lana sudicia color tuorlo d'uovo. L'uomo, col *Mauser* a tracolla, gli chiede: «Stai meglio?».

Orso ha smesso di pelare le castagne, e s'è alzato. È massiccio Orso, e ha il mento coperto da una barba a grembiule. Uno degli occhi grigi è più chiuso, per un'anomalia o forse un incidente da bambino. Il patriota veste una tuta blu, e sopra una giubba kaki. Ha le gambe sode e muscolose, e calza due scarponi militari tedeschi.

Il giovane non risponde subito alla domanda di Nico. Farfuglia: «Sì, insomma...».

«Ma ti reggi in piedi?»

«Sì. Sì.»

Nico muove sconsolato la testa, oblunga per il pizzo alla Balbo, e lo guarda arrossire: con voce incolore per la stanchezza, considera: «Allora trovati qualcosa da fare».

S'incammina per la grotta. Orso lo raggiunge, urtando la pila che spande acqua. Cino viene soccorso da Principe: «Levati di mezzo, che sembri mercoledì! Anzi, finisci di pelare le castagne...».

Ubbidisce: siede, e comincia a liberare dal riccio le castagne, che tuffa nell'acqua per il lesso.

«Bisogna dircelo, di mettere al prossimo lancio pure le sigarette...»

Bestia, poggiata la gavetta sulla cassa, cincischia la fessura del bidone che funge da stufa con un ramoscello. Quando l'ha acceso, l'avvicina alla *Milit*. La brace gli scotta la cuspide del naso e il riverbero gli illumina i baffoni staliniani. Appena se ne è servito, l'uomo tozzo imbuca il fuscello nel fuoco.

Dalla parte opposta, Principe, steso di taglio, intontito, cerca di dormire. Zero, invece, seduto sulla lettiera, accanto a Cino che mastica la sua porzione di lesso, risponde a Bestia: «Sì, e pure il caffè con lo schizzo, magari...». Intanto che gli altri parlano, Macchia, dai denti grossi e separati, con le dita ritorte come da un principio di artrosi ripiglia la baionetta e la acumina.

Macchia e Zero appaiono come negativa e positiva d'una fotografia: alti uguale ed entrambi con un principio di gozzo, l'uno mancino e l'altro destro, il primo scuro e il secondo albino, sembrerebbero fatti apposta per litigare. Ma la necessità di combattere i tedeschi e i fascisti li ha portati a una tregua. Il resto, semmai, è per dopo.

Il fumo del braciere s'ingolfa sulla volta a punta: quando il fuoco ravviva, le faville solcano la massa e si perdono tutte nella stessa direzione. Vuol dire che c'è uno sbocco per l'aria. Cino insegue con lo sguardo i lumini, e sbadiglia, contagiando Zero, che si stiracchia. S'allunga quindi sul paglierìccio, e s'addormenta, col *Novantuno* alla mano.

Il ragazzino ha sonno, e prova a rilassarsi, e infine s'assopisce. Ma vaneggia sogni che lo disturbano: paesi sterminati, tuberi dai germogli secchi e cretosi, lui bambino che percuote una biscia morta ridendo mostruosamente, umani dal sesso indefinibile e facce rammollite da un impossibile calore, rovina dei sensi. D'altra parte sua madre glielo diceva, tu c'hai il cinematografo nella testa. Si sveglia, ma non del tutto, e paradossalmente perché si annoiava a dormire. In bocca ha un sapore alcalino, che lo attacca. Cerca la borraccia, e quand'ha bevuto si accorge di Nico, di come segue, imbambolato, le sagome dipinte dalle fiammelle nella spaccatura del bidone.

«Che, non dormi?» bisbiglia. Distolto lo sguardo dalla feritoia che incornicia il lume del fuoco, Nico, disallucinatosi, mormora: «Non ci riesco più...».

La reticenza non disarma Cino: «Perché?».

«Che ti frega?» lo stronca l'uomo, senza cattiveria. Però, quando guarda il ragazzino cincignare il lembo del maglione sformato, in posa da lepre che vuole balzare via e ha paura di farlo per non scoprirsi, pensa che tanto lo verrà a sapere da qualcun altro, e allora tanto vale che glielo dica lui: «M'hanno preso, e ogni volta che m'addormentavo, mi davano una secchiata d'acqua. È da allora che non mi riesce».

Cino, incoraggiato dalla tiepida confidenza, procede: «Com'è, quando ti pigliano?».

Nico serra le braccia sul petto, chiude un momento gli occhi, e replica, pedante: «Com'è, com'è... è brutto, è! Che domande fai?», ma non è arrabbiato, è che le parole non gli vengono, l'ansimo lo prende: «Quando ti pigliano ti...».

Il ragazzo s'appoggia su un fianco, guardando l'altro. Ascolta: «Ti fanno dimenticare che sei un uomo...», e, per non avvilire Nico, prova a resistere alle palpebre che gli si abbassano, al suono opaco delle parole. No, non ci riesce: e il partigiano più adulto rimane solo a dire: «Ti fanno dimenticare tutto... persino che tu hai ragione, e loro torto. Alla fine pensi che te lo meriti. Che loro sono nel giusto, e tu, tu sbagli... perché loro hanno un piano e tu sei solo carne che urla o spia», adocchiando le braci che diventano fredde, come pietre di fiume.

Su per la strada vengono i sammarco. Due file lungo gli orli dell'asfalto. Gli ufficiali stanno in mezzo e in coda, le *Beretta* corte e ridicole in pugno. Sul vallone snevato da poco che separa il castagneto dalle prime case del borgo, caracolla un plotoncino di cavalleria, e arrancano dei militi coi *Novantuno* puntati o troppo in alto o troppo in basso.

Quando i badogliani vedranno bene i marò sul corso, dai tetti faranno il tiro al bersaglio. Loro invece, Orso e Macchia davanti con gli automatici, Nico, Principe e Bestia dietro a fianco con i fucili e Zero con la *Breda* servita da Cino, e una decina d'altri della Garibaldi dalle finestre delle case, impegneranno la *gienneerre*.

Aspettano, e un vento a favore porta loro voci e grida e canzoni, *le donne non ci vogliono più bene,* però li ovatta, e sul silenzio i rumori vanno a proiettarsi come film sullo schermo. *Han detto che siamo da galera* è più forte perché la distanza s'è ridotta, i sammarco sono già all'imbocco del paese, i militi a centro valle. Quando l'ultimo marò ha passato il fontanile, e il primo è a metà corso *ce ne freghiamo la Signora Morte* il ballo incomincia: il latrato del *Thompson*, l'inconfondibile cadenza, monca per l'otturatore mangiucchiato dall'uso, del *Saint Etienne* e il balbettio da telaio meccanico del *Bren* sono il segnale, e dall'altra parte del paese Zero è il primo di loro a coglierlo, rafficando i manipoli fascisti, e inaugurando il tiro di fucileria e *machinegun*.

I primi colpi della *Breda* raggiungono un cavallo. La testa esplode come un gavettone che si spappola sull'asfalto. Il cavaliere cade di faccia, e la sciabola s'impalta nella melma di terra e sangue d'un milite sfiancato dal *Mauser* di Nico.

«Forza, forza, forza...» biascica l'albino, e Bestia s'incazza per il *Càrcano* già smunizionato, si piega, da un tascapane preleva frettoloso una bomba a mano tedesca, la dissicura e la lancia quando un drappello di cavalleggeri arriva sul loro fianco e carica. Orso urla: «I fascisti! I fascisti», e giratosi tira con disperazione agli animali, imitato da Principe, che sgancia dalla cintura una *sipe* e la butta alla meglio verso i militi. Avvertito dalle grida, qualche garibaldi dà loro manforte dalle finestre.

«Gira, gira diofa'!» Zero solleva la mitraglia, e Cino si sdraia per evitare che la canna dell'arma lo colpisca e lo bruci, bollente com'è. Rotola persino, per allontanarsi: quando si rialza scivola per la fretta di tornare al suo posto coi caricatori, e guarda bene per un prolungato istante Nico, che gelido occhieggia i cavalli in ritirata alla sua destra, e continua a sparare ai soldati che vengono strisciando e barcollando dal rittàno. Il comandante giudica la situazione sufficientemente sotto controllo, e pure che staranno meglio in paese: «Alò, ce ne andiamo...» ordina, nell'intervallo breve della lotta.

Veloci, guadagnano il vicolo. Rinculando con l'artiglieria puntata in direzione della valle, e le schiene al borgo, s'inoltrano nella stradina. Su d'una piazzetta abbellita da una fontanella, si fermano a riprendere lena, e si accorgono di non essere seguiti. Principe osserva: «Magari la repubblica s'è ritirata...».

«Vero» soggiunge Bestia. «Dal corso non si sente più sparare. Si vede che i badoglio hanno fatto bene il mestiere, e i fasci, non vedendo più la San Marco, l'avranno capita...»

Orso però li gela: «E se fosse che i badoglio hanno dato due scariche e se la sono filata?».

Una pallottola sibila lungo la piazza e si spiaccica sulla fontanella. Si appiattano in terra e ognuno mira dove gli pare, nessuno ha visto o compreso da dove arrivi il colpo.

Il capo dei partigiani è l'ultimo a ripararsi, e con ogni probabilità è l'unico ad avere un'idea di dove sia chi ha sparato. Cino, accanto a lui, lo osserva studiare con capace attenzione gl'imbocchi delle viuzze che si diramano dallo slargo. Mentre lo guarda, gli viene in mente l'uomo più forte del mondo della fiera, e quello che intorno si dicevano i paesani: se c'è questa somiglianza tra lui e noi, e noi non siamo così bravi, così belli, così forti, e lui sì, ci dev'essere il trucco.

È proprio così, pensa, è proprio così, ma non prova sollievo. Irritato, gli viene voglia di fare uno sproposito, una roba da piombo e corda, per cacciarsi la rabbia di dosso, a rischio di fare la morte del pidocchio. Sta cedendo a quella voglia, sente una subdola, lunga corrente nella spina dorsale, esacerbata dalla pausa della lotta. Il suo cervello balbutisce *vai vai vai* e assieme *che ci faccio qui*, e gli mostra Nico.

Gli mostra Nico abbassatosi per un'altra pallottola a vuoto. Dai colpi si capisce che c'è un solo cecchino: inutile sprecare raffiche. È roba da fucile, questa. Macchia si fa avanti, e il capo lo segue: insieme, si portano all'imbocco della viuzza, uno per lato, e dopo la quarta palla in contemporanea scattano nel vico facendo fuoco sul carro rovesciato che lo ingombra.

«M'arrendo m'arrendo m'arrendo...»

Ammutolite le armi, il riso neurotico di Macchia invita il gruppetto rimasto nello slargo a farsi avanti, fino a riunirsi e a ridere tutti di chi cecchinava: coperto dall'elmetto grigioverde, con indosso una divisa sdrucita tinta uguale, la testa piccolina che pare adagiata sul collo alto del maglione, e ai piedi senza calze due scarponi slabbrati, sta un ragazzino, non più bambino da poco.

«Ma tu guarda 'sto merdoncino...» si sbigottisce Orso, e però il trapestio d'una serie di passi cadenzati provenienti da una via laterale trasforma l'aria di scherzo in una raffinata inquietudine. Zero afferra il minuscolo marò e lo spinge con sé nel vano d'un portone piccolo, intanto che gli altri si scelgono un rifugio e dalla cima del vicolo compaiono tre badogliani, che gridano: «Chi siete? Garibaldi?».

«Sono Nico» risponde, «Nico di Versuta» intanto che escono dai ripari, e i monarchici si appressano. Quando sono faccia a faccia, Nico s'informa: «Com'è andata?».

«Bene...» relaziona quello che pare il maggiore dei tre. «Noi due feriti, loro parecchi morti e sono scappati a cercarsi fiori per la corona.»

Il bambino tenuto da Zero distrae il Badoglio e lo interessa: «Chi è quello?».

«Un cucciolo di sammarco» chiarisce Zero.

«Lo date a noi.»

Non è una richiesta né un ordine, ma una constatazione. Il più vecchio dei badogliani avrà venticinque anni, e la faccia rubizza e la pancia da abate svelano che non è da molto in collina. Ripete, sicuro: «Lo date a noi».

Principe ribatte: «È prigioniero nostro».

«Ammazzatelo voi, allora.»

«Chi dice che va ammazzato?» reagisce Bestia.

«Ci siamo messi d'accordo con Ercole» illustra, paziente, il badogliano. «Niente prigionieri. Come si prendono, si ammazzano.»

Il ragazzino ha un'improvvisa contrazione dei muscoli, che Zero avverte, e domina, ricordando: «Ercole ci deve un prigioniero. Gliene abbiamo dato uno quando si trattò di fare lo scambio con il Romano. E il Romano adesso è vice nella Garibaldi».

«Bada che oggi non è proprio aria di riscuotere.»

Cino fissa il bimbo: ha gli occhi castani, ebeti e angosciati, le guance cave, e trema. Il ragazzo partigiano se lo figura tra gli altri fratelli e sorelle, davanti alla conigliera, col dito puntato, a dire: «Mamma, oggi tocca a Musetto!». E la madre, per contentarlo, mette la mano nella gabbia e piglia il nominato, tra i lazzi dei fratelli ai conigli superstiti: «Ciao, Belpelo. Ciao, Maligno. A voi vi mangiamo dopo», e la pacata attenzione del nonno, al quale si consegna la vittima per la solita cerimonia: oggi è domenica e quindi si pranza. L'anziano contadino afferra le cosce dell'animaletto, e con una rotazione violenta del braccio gli sfascia il cranio sullo spigolo del tavolo di marmo della cucina.

Sì, il piccolo trema, e il badogliano rilancia: «Se il Romano è il vice di Ercole, tanto piacere. Ma i patti sono questi: si fa come loro. Come si prendono, si ammazzano».

Nico interviene: «Comunque, voi questi patti li avete con Ercole».

«Valgono per tutti.»

«Lo dici te» lo rimbecca. «Ma come, non siete mai stati ai patti con noialtri, e proprio adesso vi frega tanto d'essere leali?»

«E a voi vi frega più dei fascisti che degli ordini?»

È Nico a intervenire, franco: «Se è per questo, allora, voglio parlare con Ercole».

«Padrone» ammette l'interlocutore. «È in piazza, seguiteci.»

Senza attenderli, il drappello fa dietro front. Nico si avvia sulla loro strada, come gli altri del suo gruppo. Percorse due straducole colme d'odore di meliga e di polmone bollito, accedono alla piazza dov'è l'osteria. Dividono la piccola folla di partigiani, incuriosita dal prigioniero, e arrivano al tavolo dove Ercole e Pascal, il comandante della divisione badogliana, stanno seduti a conversare. Il regio alla guida della pattuglia spiega loro: «C'è qui Nico e i suoi. Hanno un marò, e gli ho detto cosa ci devono fare».

«Ma loro non lo vogliono fare» indovina Ercole. È vecchio, ha certo più di trent'anni. Anche la sua pistola, nella fondina sul piano del tavolo, è vecchia e non ne può più: è una *Llama* calibro nove.

«Sì, non vogliono. Non credono che ci sia un patto.»

«E c'è, invece» dichiara Pascal, toccandosi la barba di rame, che sporge dal volto lentigginoso e come difeso dagli occhiali: «Dov'è il problema?».

Nico, per risposta, spinge al tavolo il maschio bambino. Ercole sospira e dice: «Ho capito...».

Senza pretese, Nico rincara: «E poi ci dovete un prigioniero».

Ercole, vista l'espressione dubbiosa di Pascal, lo mette al corrente della scorsa questione. Il badogliano annuisce alla fine, e confabula brevemente con i suoi sottoposti, mentre Ercole si rivolge a Nico: «Senti. Ammettiamo che adesso questo lo lasciamo, perché ha... cazzi', quanti anni c'hai?».

Il ragazzino mormora qualcosa, e Zero amplifica: «Dodici».

«Dodici anni. Ha dodici anni e noi lo lasciamo andare. Vivo. Lui torna alla San Marco, e gli ridanno un fucile. E lui col suo fucilino va in giro, e spacca uno dei nostri. Noi lo ribecchiamo, e che facciamo? Lo lasciamo andare, ad ammazzare chi vuole? Non credo. Allora lo fuciliamo. Tanto vale ammazzarlo ora. Così ci risparmiamo un uomo.» A fatica, esitando, completa: «Vedi, uccidere è il solo linguaggio che capiscono: è la loro logica, non la mia».

«Non ci vado più...»

Si giran tutti, e il bambino, piano, replica: «Non ci vado più...» e racconta: «Io stavo in caserma. Sono orfano. Stavo alla sussistenza».

Pascal gli chiede: «E perché allora oggi t'hanno portato?».

«Non sapevano che c'eravate voi. Pensavano che ve n'eravate andati. Così siamo venuti tutti. C'era pure il cuoco.»

Qualche partigiano ride. Pascal no: «Però hai sparato».

«Ho avuto paura. Ma non ci vado più, da loro.»

«Prima dovevi pensarci. Prima» gli ricorda Ercole.

«M'hanno portato loro. Io non volevo.»

Ha capito che deve solo sperare di zittirli, di togliergli le scuse per sbiancarlo. Se l'hanno costretto, pensa, la colpa non è sua, e lo dovranno liberare. Non possono mica impallare qualcuno che sta lì per forza: «Io non volevo».

Invece è dialettica che Pascal stronca facilmente: «Nemmeno io volevo fare la guerra».

Cino sa che il suo capo non ha più argomenti, e gli duole. Ma Nico si scosta e lo porta all'attenzione dei suoi rivali: «Ecco. Lo vedete questo? È utile quanto un raffreddore. Eppure, se lo ammazzassero senz'arma in mano, direi che sono bestie».

Pascal protesta: «E che c'entra, adesso?».

«Che sparare a qualcuno che ti spara, va bene. Ma fargli la pelle così a freddo... già è uno strizzaculo con un adulto. Figuriamoci con...», e non va più oltre.

Ercole tace. Quindi, interroga Cino: «Tu, che ne pensi?».

Niente, non gli viene niente di cristallino e definitivo. Ma prova, imbarazzato: «Rimandatelo a casa. Se prendessero me, io vorrei che mi rimandassero a casa. È ragazzino».

«Sbagli» lo critica il comandante garibaldino. «Tu e chi la vede come te. Non dovete pensare che lui è un ragazzino. Dovete pensare che è un fascista.»

«A dodici anni?» azzarda Nico.

«A dodici anni si è grandi abbastanza per capire che se si spara a qualcuno lo si ammazza» dice, conclusivamente, Ercole. «Se avesse steso Orso o Macchia o Principe? E poi a quell'età si capisce pure da che parte stare.»

Nico, stufo, china la testa.

«Convinto?»

Annuisce. Dunque, rivolto ai suoi, comanda: «Andiamocene, va'».

Escono dalla sala, per ultimo Zero, che ha ceduto ai badogliani il marò; volendo lasciare il paese, s'avviano per il corso, lungo il quale restano i cadaveri. Sostano per qualche minuto al fontanile, per rinfrescarsi e riempire le borracce e, quando riprendono a camminare, Cino e il suo capo sono gli ultimi. Per la prima volta, Nico guarda negli occhi il ragazzo, e bisbiglia: «Be', ci abbiamo provato». E il giovane gli conferma, sereno: «Sì, ci abbiamo provato».

Sotto ragazzi facciamole la corte.

Quello era il chiostro di un convento. Quattro o cinque anni avanti un incendio aveva distrutto gran parte dell'edificio, e i monaci avevano trovato più semplice sbaraccare piuttosto che dare mano ai lavori.

Appena fuori dagli avanzi delle mura c'è un fontanile che ancora butta da una delle tre cannelle. Cino vi attinge con i secchi di tela, e rientra nella corte, dove ritrova i suoi e quelli di Duro, accampati distinti. È una settimana che stanno insieme, e la convivenza non piace né a quelli né a loro. Nico e Duro, cugini, non hanno mai legato, nemmeno prima della guerra. Fu Orso, tre giorni avanti, a spiegare la rava e la fava: non c'era nessuna questione tra Nico e Duro. Né donne né palanche né terra né bastardi, niente. Solo, non si potevano vedere: è così, basta, non c'era da dire altro.

«Va bene» sbottò la compagnia – e qui anche Principe si fece acuto, sollevando la testa dal libro – «ma ci sarà il suo bel perché, no? Mica si possono stare sul culo per niente, per così. »

Orso, perseverando, affermò «perché no?». Non gli era

mai successo a lorsignori d'aver visto un tizio, "ma uno che non aveva fatto niente, che nemmeno s'era mai visto prima, e subito gli era stato sulle balle?".

Dinieghi, più o meno convinti, seguirono l'asserzione del partigiano, che continuò raccontando che lui era stato a Novi, e c'era uno che suonava musica da ballare. E c'aveva una faccia da bagonghi, da cuorcontento, da mestolone, da culo di padella: una della gran razza dei fregamidolce, delle spie. Una faccia che solo per quella l'avrebbe ammazzato, tanto quanto.

Ma mica c'avevano quell'aspetto, Duro e Cino, oppose Macchia. Non era sempre la faccia, ribatté Orso: magari era, toh, l'odore, una mossa, o proprio la natura di come due erano fatti, come il lupo mangia l'agnello ma non l'erba. E per questa natura o gesto c'era l'odio a prima vista.

Principe allora disse odio a prima vista come c'era l'amore a prima vista, e il commilitone si felicitò. Proprio così: come c'era l'amore puro e semplice, c'era pure l'odio, puro e semplice, nel mondo.

E qui Nico era comparso, di ritorno con un fagottello di roba da mangiare requisita, e la discussione s'era spenta. Non nella testa di Cino, però: che ci ripensa mentre posa i secchi ricolmi con un'ultima fatica, e rimettendosi dritto capisce perché odia Neno, un ragazzo nomade della sua età, dalle spalle secche e puntute, dai tanti peli ma raso in testa, che sta con Duro.

E c'è proprio lui, solo, in mezzo al cortile. Si diverte a far cadere una moneta su un'asse. «Piantala» gli grida e bestemmia una voce dalla parte sua, perché il suono abbottato è insopportabile. Neno, caparbio, lascia cascare la monetona sul legno, e tòc e tòc e ritòc.

Cino sa che è un *talari*, una enorme moneta d'argento che usava dalla parti del *Negrus*. Un paesano, di ritorno dalla guerra in Africa, se n'era portati appresso diversi, e c'aveva messo su casa. Ma uno l'aveva fatto attaccare a una catenina, e lo faceva vedere a chi glielo chiedeva – di solito ragazzini. I quali ne ammiravano le scritte indecifrabili, l'arma incomprensibile sul verso, e di più il profilo del Negrus – e hai voglia a correggerli che si diceva Negus – sormontato da una coronciona più grossa di lui. Tòc, tòc, ritòc.

Chissà Neno come aveva avuto il suo: tòc, tòc e ritòc. Senza fretta, si spinge fino a star di fronte a Neno, che lo apostrofa, sbrigativo: «Che vuoi?».

«Piantala.»

«*Ma vatlu piè...*»

Tòc, tòc e ritòc.

«Piantala!»

«Che, ordini? Chi sei, il duce?»

Tòc, tòc, e gli si avventa contro *te lo do io il duce te lo do io stronzo faccia di merda cosa credi che fai quello che ti pare che sei, più bello di me? Sembri un cadavere un morto è inutile che ci provi lo so dove vai a parare non alzare la gamba stronzo adesso ti faccio vedere che significa beccare un cazzotto sulla patata fa male eh fa male eh ahio cazzo fai meni sul serio allora sì piglia sulla ghirba tua madre è puttana e tuo padre il più lesto non ci provare a dare in faccia cazzo l'occhio fa male cazzo ecco rimedia e porta a casa proprio alla bocca dello stomaco sì adesso ti rifaccio nuovo io e questi stronzi*

il combattimento richiama i partigiani, che corrono per l'orgasmo della paura d'un attacco. Ma è solo una lite fra ragazzi. Compare un blando sorriso di rilassata condiscendenza sul volto dei più, e in qualche caso si tramuta in agitato incitamento

che gridano che gridano 'sti stronzi che gridano a fare tieni bello un pestone sulla crapa vuota che hai eh merdonci-

no piglia toh ma che fai ma che vuoi fare eh non hai capito che ti stronco se voglio ti stronco ti gonfio Dio falso ti mastico come il tabacco giuro Cristo ecco così uno in petto uno sulla spalla uno in quella faccia da cazzone che hai così ti si gonfiano le labbra ma che fai reagisci meni al naso meni alla faccia la mascella cerchi no per terra no

ed è giù, col gusto di sangue e mota sulla lingua, il sudore che gli cola negli spacchi delle orbite, un brusio nella testa, l'affanno dei polmoni che lo asfissia

non te la do vinta dovessi crepare t'ammazzo giuro

si rialza e come un torello incorna Neno a metà schiena con una testata che manda lo zingaro a gambe all'aria. Gli corre incontro e lo tempesta di calci mentre è ancora steso. Ma si sente chiudere tra braccia vigorose, è Duro che li separa, sbattendolo dalla parte opposta, mentre lo ammonisce: «Non si mena quando uno è a terra...».

«Merda!»

«Vigliacco.»

«Solo se uno è a terra siete buoni!»

I sorrisi scompaiono, e Cino non dà loro tempo di mutarsi in peggio: rialzatosi Neno, profittando d'una indecisione dell'adulto che lo trattiene, si divincola e ricomincia

ah adesso non fai più lo sburone eh hai capito chi comanda te ne vieni piano piano ma tanto è uguale è lo stesso le becchi ti faccio nero che fai ci riprovi 'sto cazzo di sudore che cola o è sangue ci riprovi con la faccia ma io ti so ormai ti conosco mascherina ah fai lo stronzo con i piedi e con le gambe ora vedi piglia su 'sta pedata allora e dimmi che sapore c'ha ti sfascio le palle se non stai fermo con le gambe che fai fai il mulino a vento eh vieni che te lo do io fammi vedere che sai fare provi un gancio provi un diretto chi ti credi Carnera ma io ti pisto come l'unto hai capito io questo lo ammazzo e vai giù vai giù vai giù prono, lo zingarello tossicchia e stenta. Lui gli allunga un ultimo calcio. Rapido gira su se stesso, e vede d'intorno mani che minacciano, pugni levati, denti giallastri e divisi che si mostrano sgangherati, facce d'un violetto da congestione o pallide come il ventre d'un pesce, colli taurini o smilzi, braccia percorse da muscoli enfiati e mal protesi per la cagnara, vene gonfie per l'ira.

Nico dichiara: «Basta piantiamola qui».

«La piantiamo un cazzo!»

«Prima menano poi scappano!»

«Come i brigata!»

«Vigliacchi.»

«Carogne.»

Nico, messe le mani sulle spalle di Cino per spingerlo via, leggero, alza lo sguardo. Incontra quello di Duro, inflessibile. Muto, il gruppone dei partigiani sembra non esistere: e neanche le pietre, l'aria, la luce esistono più. Esistono solo i due capi. Che smettono di guatarsi, e conducono i due ragazzi via con loro. Appena nell'ombra della tettoia, Nico si allontana da Cino, che la mancanza della prossimità col più adulto e del calore naturale dell'ira lascia infreddolito. Ma per breve tempo: un peso d'un tratto diminuisce la sensazione sgradevole. È la giacca che Nico s'è levato per coprirlo.

Non era stato Pascal a volere Principe per l'incontro con gli ufficiali inglesi paracadutati il giorno prima. Anzi. Lui aveva detto che ce l'avevano già un interprete, e bravo. Si faceva chiamare Ford, parlava l'inglese abbastanza, e cercava di migliorarlo, ascoltando la radio quando poteva; tuttavia a Pascal fecero notare che non lo capiva altrettanto bene. Non avrebbe mai saputo tradurre quel che gli ufficiali britannici si confidavano, parlando tra di loro stretti e veloci. Così il capo badogliano c'aveva pensato, e di malavoglia aveva fatto scendere due colline a Principe, mandando a dire a Nico che era indispensabile. Nico rispose che andava bene: per una volta avrebbe saputo di prima mano cosa venivano a dire gli inglesi. Poi, al ritorno, requisì Principe, e dopo averlo ascoltato con pretesa calma, Nico gli fece: «Sei sicuro di aver capito bene?».

«Sicuro no» disse, senza difendersi. «Ma come l'ho capita te la riporto. Come ho fatto con Pascal.»

Un suono informe, appena udibile a orecchie non provate dal timore della sorpresa, li interruppe, fece loro imbracciare le armi. Tentarono di discernerlo dal gocciolamento dell'acquazzone per dargli nome, e infine Principe dedusse: «È il vento che porta il rumore da valle».

«Non sarà qualcuno che arriva, no?»

«No, non è...»

Serenizzatosi, Nico posò il mitra sul pavimento della stamberga dove s'erano rifugiati e ricominciò: «Insomma, dovremmo starcene buoni fino a primavera. Smobilitare».

«Smobilitare» ripeté Principe. «Loro stanno fermi in Toscana. Quando sgela si muoveranno loro, e daranno il colpo. Quello buono. E vinceranno, con o senza di noi, perché noi non contiamo granché, per loro. Quindi tanto vale starcene a casa, invece di crepare per una vittoria che verrà lo stesso, senza e all'infuori di noi.»

Un vento forte e sferzante s'era levato, col suo sibilo gelido: «E tu, che ne pensi?» disse Nico.

«Ne penso che hanno ragione» fece l'altro, di getto. E di seguito si ragionò: «Ma penso pure che stiamo qui non solo per sparare ai fascisti. Ma pure a fare chiarezza a tutti quanti, per adesso e per dopo... soprattutto per dopo. A dimostrare che c'era qualcuno che diceva di no. E che quindi dire di no si poteva».

Il sonno e l'aver dormito male gli premevano le tempie:

«Capiscimi: se molliamo, quelli che se ne sono stati a casa diranno che non c'era altro da fare. E che quindi avevano fatto bene a stare zitti. Se molliamo, gli facciamo da alibi».

«Che dici?» lo corresse. «Che se si sbaracca, siamo complici loro? Non è mica colpa nostra se sono merde vili. Non è per noi o contro di noi che stanno a casa, ma per come sono fatti loro.»

Principe negò: «Non dico questo. Noi con loro non c'entriamo niente. Ma questo diranno, se smettiamo. Diranno che lottare era impossibile o un fallimento».

Cercò d'inalare l'aria viziosa che incombeva nel casotto. Quindi, misurato, finì: «E, peggio ancora, che noi e loro eravamo uguali».

Con ritenuta scompostezza, Nico si serrò nel cappottone Regio Esercito: «Noi siamo diversi. Noi ci abbiamo ragione».

«Noi siamo diversi» ribadì Principe. «E abbiamo ragione. M'hanno detto che ci sono malattie dove le cellule o che cosa sono che dovrebbero difendere il corpo, lo attaccano. E il corpo deve difendersi da sé. Sennò finisce che quelle cellule lo dilaniano. Il fascismo è questo. È la malattia che mangia l'anima da dentro. Lo Stato ti deve difendere, è lì per questo. Ma quand'è lo Stato che viola le sue leggi, allora hai il diritto di difenderti, non ci sono cristi.»

Parlava quieto, senz'ira: «È l'unico caso in cui ci si può fare la giustizia da soli, ed è il caso nostro. Oltretutto, noi rischiamo ad agire. Quelli invece pestano senza pagare il dazio. È chiaro: noi non abbiamo niente a che vedere con le vigliaccate della repubblica protetta da una divisa. E nemmeno con quelli che dopo in piazza si faranno coraggio. Quelli buoni a linciare il ladro quando ha le catene ai polsi. Quelli che strilleranno "dateli a noi, dateli a noi" quando la repubblica non farà più paura». Sputa da una parte: «No. Non siamo uguali a loro».

Si scalda le mani strusciandole sui pantaloni: «Io più mi ci sforzo, più non li capisco, quegli altri. Non capisco come possono non essere come noi. Però capisco che siamo diversi, ma non in tutto. Due giorni fa hanno impiccato tre di Ercole. Erano scesi a cagna in paese. Volevano la donna. Sono andati in bordello, e si sono messi in fila in mezzo a tedeschi e fascisti. E quando sono usciti, sul corso, li hanno beccati. Non hanno fatto neanche la mossa di difendersi, perché erano ancora imbolsiti. E li hanno appesi. Capito? Finché erano nella fila del casino, nessuno li aveva distinti. Segno che per quel verso lì siamo tutti uguali».

«Sì, può darsi di sì.»

«Che quella roba lì non ti nasconde e non si nasconde. Ma che però non hai bisogno di nasconderla, o di nasconderti.»

«Sì, può darsi. Sì.»

Il vento non s'era calmato, né il piovasco. Dovevano però esser diretti altrove, e non sfuriare sopra la baracca. Così tutti i suoni d'intorno ripresero identità, inconfusi nei due più potenti.

«Come mai sai l'inglese?»

Principe prese dal suo zaino un libro, e lo diede a Nico: «Così. Prima per leggere. Poi magari, un domani, mi viene buono per il lavoro».

La copertina era timbrata dalle impronte delle dita: «Che storia è?».

«È la storia di uno, un americano, che s'imbarca su una baleniera che ha un capitano senza una gamba. La gamba gliel'ha mozzata una balena. E il libro è la storia della caccia che quel capitano dà a quella balena.»

«È bello?»

«Penso di sì.»

Nico sfogliò le pagine, soffermandosi quando incappò in alcune righe sottolineate. Ridato il volume a Principe, s'interessò a quelle linee: «Che significano?».

«Uhmm...»

Si pose in modo da avere più luce: «Qui è quando il capitano, all'inizio del viaggio, raduna tutti i marinai e gli promette dell'oro se ammazzeranno la grande balena. Poi un ufficiale di bordo gli dice se vendicarsi di quell'animale per la gamba non sia ingiusto. Quello è un animale, dice, non l'ha fatto apposta. E il capitano allora risponde a Starbuck – l'ufficiale si chiama così...» di lena voltò in italiano: «*Tu hai bisogno d'una parola più profonda, Starbuck. Tutti gli oggetti visibili, marinaio, sono soltanto maschere di cartapesta. Ma in ogni evento... nell'atto vivo, nell'azione indubbia... qualcosa d'ignoto, ma tuttavia di razionale mostra la modellatura dei suoi lineamenti da dietro la maschera irrazionale. Se l'uomo vuol colpire, colpisca attraverso la maschera! Come può il prigioniero giungere all'esterno se non trapassando il muro? Per me, la balena bianca è quel muro, spinto vicino a me. A volte penso che di là non vi sia nulla. Ma è sufficiente. Mi mette alla prova; incombe su di me; vedo in essa una forza oltraggiosa, innervata da un'invincibile malizia. E proprio questa cosa inscrutabile, odio soprattutto; e sia la balena bianca il mandatario, sia essa il mandante, voglio sfogare quest'odio su di essa, su di essa alzo il rampone. Non parlarmi d'empietà, uomo...*».

«Zitto.»

«Che c'è?»

«Fuori...»

Gli alberi più sottili, per la pressione del vento, si piegarono, e il loro crepitare sembrò una risata. O una raffica.

Faticando a camminare sulla neve, Nico si stupisce di come poteva mai il grano, raccolto a suo tempo nell'immenso campo che attraversa, entrare nel fienile piccolissimo che ne è il centro. Roba che sopra i covoni ci avranno fatto ballare scalzi i ragazzini per un giorno.

È dentro quel fienile che aveva provato a farsi saltare le cervella *all'attacco d'una colonna della repubblica, sicuri della copertura di quelli di Pascal. Invece sul crinale non c'era nessuno quando i militi di retroguardia l'avevano risalito. Non fosse stato per Zero, che s'era accorto che venivano giù dalla collina in un baleno, gli sarebbero andati in bocca...*

I ribelli si sparpagliarono allora su per l'erta, e, superato il ciglione, si persero nel bosco fradicio, dalle ramature spoglie. Dietro, i fascisti.

Nel correre come nell'inseguire, non v'era alcuna elasticità, né riflessione: i corpi vivi fuggivano con un parossismo di footballers *impegnati nell'azione conclusiva. Cedevole, il manto dove affondavano i piedi frusciava, e il bisogno d'aria creava nei cervelli anossici delle zone di luce. Al piede del pendio, Nico si ritrovò solo con Cino, ai margini del cordone di militi che spazzava il bosco, e quindi libero. Tossendo grossamente, bruciati nella gola dal frigore della notte incipiente, ripresero fiato, e il ragazzino considerò, febbrile: «Lo so io dove ci ripariamo».*

A passo lesto, arrivarono allora al bordo del pratone. Non c'era molta luce, ma bastava per farli vedere. Si tuffarono sulla coltre appiattita e non densa, e come nuotandovi giunsero strisciando al fienile.

Dentro, stralunati si adagiarono sulla poca paglia rimasta, e l'estenuata snervatura e la prostrazione non fecero addormentare il più piccolo sino a giorno. All'alba Nico lo osservò prendere sonno, e dormire: non si girava, non mugolava. Tre-

mante per il freddo e l'ansia, stava sdraiato sulla schiena, le braccia distese lungo i fianchi, le mani in tasca, la testa appoggiata su una balletta di paglia, il respiro da puledrino, fragile, con la bocca dischiusa. Gli venne, fissandolo, l'immagine d'un fatto che non sapeva più se gliel'aveva raccontato il ragazzo, o se era capitato a lui, all'età del cit: *andato nella cantina dove un suo zio e i garzoni preparavano le botti e le brente per spinare il vino, siccome era il più piccolo lo avevano ficcato dentro a una botte per pulirla, per passarci poi i solfaroli. Finito il lavoro, cominciarono a spillare, e anche a bere, e qualcuno gli allungò il boccale, dicendogli: «To', un po' d'acqua santa anche a te, visto che c'hai aiutato».*

Guardò lo zio, ed ebbe il suo tacito consenso: diede un sorso che durò qualche secondo e alla fine lo festeggiarono. Passò via la brocca, ma più la passava e più gli tornava. E gli raccomandavano: «Bevi, bevi, pulcino, che questa è la migliore festa dell'anno. Se non bevi, sei un merlo!».

Alla fine, s'incocciò: la pancia gli ribollì come un tino di mosto, la capa gli parve affumicata e stonata, le gambe gli rimasero di legno. Tutto girava, l'aria stessa s'era fatta colore del vino. Gli dissero di mettersi su una gamba sola, e lui così fece, capitombolando nella mollaccia. Presero a ridere vedendolo cascare, e lui rise con loro, la bocca spalancata, senza respiro per la concitazione. E ridendo vomitò.

Inebriato dalla rapidità con cui le immagini che il corpo del ragazzo generava lo disturbavano, Nico stava a bocca aperta, come principiasse anche lui a rimettere. Era il ritorno del senso di quando era prigioniero: l'odore del sangue dei fucilati e i miasmi della mensa e dei luoghi corporali lo disgustavano, e più di tutti la gran puzza di benzina tedesca, sintetica, sparsa dai camion in manovra. In piedi, fissò il cortile della prigione dov'era stato rinchiuso, aggrappandosi alla crociera della bocca di lupo, trasformatasi nella fine-

strella del fienile oltre la quale si stendeva il campo enorme, agermanico e afascista, pulito, sommerso dalla nevicata, indifferente. E fece per spararsi.

Cino, appena in tempo, gli diede un cozzone nella schiena con la spalla. Il proiettile della Walther, *sfiorando la testa dell'uomo dov'era diretto, s'inchiodò su un trave.*

Nico, voltandosi, ebbe ancora la forza di guatare con odio il ragazzino, che impettito gli fece un sorriso. Tanto si concentrò nello sguardo del patriota un marasmatico verachtung, *che Cino fu costretto ad abbassare la testa e a mormorare, arrossendo: «Scusa...».*

Nico, sfiorandogli il mento con le dita, gli alzò il capo. Quindi lo carezzò sulle guance, dove si sentiva il ruvido della futura barba. Sentì sulla sua la presa della mano del più piccolo, che gliela fermò sulla gota, per prolungare il contatto.

E ora guarda il fienile da fuori, ma non ha tempo adesso di entrarci, e nemmeno gli va: deve sbrigarsi se vuole ripigliare Cino, catturato il giorno prima dalla repubblica. Zero gli aveva detto: «Non ci andare», e Macchia: «Non si rischia un uomo per un merdoncino come quello», e Orso: «Lascialo perdere», e Bestia non aveva detto niente, ma si capiva come la pensava. Anche Principe aveva taciuto, alzando le spalle.

Lui però sa che la brigata manda i prigionieri di poco conto alla caserma in pianura scortati da un milite solo, lungo la strada Vallea, quasi sempre curva e piena di ripari. Questo milite poi, un caporale furiere biondo di capelli come un signore, bel magro e occhialuto, non ha nemmeno urgenza: tenendo tra le dita la catena che serra i polsi di Cino, s'apparta dietro un larice per innaffiarlo. Una camionetta germanica li oltrepassa appena s'è ricomposto: lui si blocca, irrigidendosi nel saluto romano. Quindi, rivolto al suo prigioniero, fa: «'Sti tedeschi. Quando li vedi, è meglio starsene fermi. Se stai fermo pensano che non hai paura, e non ti seguono. Ma se corri, ti corrono appresso, o ti sparano e *at'salud*. La sai l'ultima sui tedeschi?».

Non si fa confermare, e racconta: «Un italiano e un tedesco discutono su quale popolo è più grande. Il tedesco fa: "Noi abbiamo l'esercito migliore", e l'italiano: "Sì, ma noi abbiamo il capo migliore". E il tedesco: "Ma noi abbiamo l'aviazione migliore". E l'italiano: "E noi il mangiare migliore". Dopo un'ora che vanno avanti così, il tedesco non sa più che dire, e fa: "Noi abbiamo i nemici migliori!". E l'italiano: "E noi l'alleato migliore"».

Ride, cordiale, e pure Cino ridacchia. «E voi, che barzellette vi raccontate?».

«Barzellette non ne so.»

«*Soc'mel*, nemmeno una?»

«Nemmeno.»

«Allora è vero, siete cattivi italiani.»

Lo dice senza crederci, si vede: «Però le canzoni sono meglio le vostre. *Fischia il vento lallallero-llà*... è ballabile».

«Certo le vostre sono meno ballabili» sbotta Cino.

Il caporale non si oscura. Anzi, gli dà ragione: «Ah, be', certo, *siam le Brigate Nere, abbiam la forza di spezzarvi il cuor*... poi come fa... *abbiam lasciato i morti per la via*. O *Brigate Nere, avanguardie di morte*, o l'inno della Decima, *Quando pareva vinta Roma Antica sorse l'invitta Decima Legione*... c'è poco da ballare. *At'fèn caschèe la branza*... e poi secondo me sono pure più menarogna, con tutta quella cosa dei morti, di Roma Antica. Sei mai stato a Roma?»

«No. Però...»

«Però?»

«C'ho un cugino» e specifica, per far capire che la sua

non è una stirpe di bergamini: «Lavora in una tipografia che sta in un quartiere che si chiama San Lorenzo.»

«Io ci sono stato, a Roma. Con la Cultura Militare.»

«E com'è?»

«Bella. Piena di monumenti. La più bella città del mondo.»

Riattacca a cantare: «*Maledetti partigiani la Brigata vi scoverà nel cuor dei monti. Badogliani e traditori sempre vi inseguiremo finché la morte non vi colpirà. Oilalà! Oililà*».

Una seconda camionetta sfreccia via: stavolta non la saluta, zittisce però. Vanno avanti sulla strada, finché non arrivano a un ponte, sul muricciolo del quale il furiere siede: «Riposiamoci, va».

Cino gli si affianca, non troppo vicino, ma abbastanza per aver cognizione del suo essere accaldato, dell'odore di *Mom* e stalla che esala.

«Qui è come da me, boia d'un mondo. È come il mare. Si fanno chilometri, e non c'è uno scoglio.»

A Cino, stando fermo, il sudore si ghiaccia. La gola invece arde: «Di dove sei?».

«Non si sente?»

«No.»

«Di Modena.»

Stavolta a passare è un camion, un arrancante *Opel* furgonato: "Servizi speciali!", lo decanta il milite, abbassandolo subito dopo tramite un'arte allusiva: «Che la so io che specialità è...», fa il gesto del mariuolo con la mano: «Oppure, toh!».

Fa il manichetto con tanta foga che a momenti gli cadono gli occhiali, e, grandemente *friendly-faced*, si piglia una confidenza: «Tu, a femmina, come stai?».

Cino non gli dà spago: «Quando arriviamo, che mi fanno?».

Nello svanire dell'ansimante rombo del camion, risponde: «Non ci pensare».

«Mi ammazzano?»

«Magari ti scambiano. O ti tengono in cucina. *Ve' ve'*!»

Si drizza, e indica una macchietta bruna sull'innevato tra gli alberi distanti. «Un uccello. Guarda.»

Trainato dal caporale, anche Cino è in piedi, e si sguercia a osservare, fino a quando proclama: «Sì, eccolo lì».

«Cos'è, che non ci vedo bene... una cincia?»

«Così nero? È un corvo.»

Infatti: come per dargli ragione, il pennuto accenna un volo breve, gracchiando.

«Buono per la minestra.»

«Al paese mio la fanno buonissima!»

Il brigata annuì: si tolse i guanti, e il moschetto dall'armacollo: «Io ci provo.»

«A fare?»

«A rimediare un brodino.»

Non può mirare e tenere la catena: dopo una lieve indecisione, la disserra dai polsi del suo prigioniero, e se la mette in tasca. Cino di riflesso allarga le dita ghiacciate, e il sangue che riprende a circolare lo pizzica, intanto che il caporale s'è calato nella posa per la mira.

«Così non lo beccherai mai» lo critica il ragazzetto. Il furiere smonta dalla posizione, guarda l'arma, e poi Cino: «Sei buono tu col fucile?».

«Inculo le mosche!» prorompe, con innocua vanteria. Il caporale sorride, incoraggiante: «Pure da qui?».

Con una rapida occhiata Cino valuta la distanza: «No, da qui no. Però dal platano lo secco».

Scendono dalla Vallea e si nascondono dietro il fusto. Il milite arma il fucile, e lo porge al ragazzo, che si inginocchia e punta.

Il corvo non si muove, sembra uno di quelli di pezza dei baracconi del tirassegno: Cino e il milite sono vicinissimi, l'odore dell'uomo è di pagnotta bagnata, e confonde il giovane.

«Ma dove miri?»

«Zitto...»

«Sbrigati che scappa.»

«Zitto.»

«Ci vede e scappa.»

«Zitto!»

Lo sparo rintrona, e Cino sa di aver fatto cilecca. Mai è stato così *deadeye*, lui e le armi vanno poco d'accordo. E a caccia l'avevano portato, ma tirare, be', una volta sola, e un altro po' andava a gambe in aria. Avrà fatto pippa anche adesso.

Non è così: il caporale, felice, da bravo cane da caccia s'è catapultato a raccogliere il cadaverino dell'uccello steso sulla neve vergine: «L'hai preso! L'hai preso in pieno! Cazzo, se l'hai preso!». Per la contentezza, ripiglia a cantare: «*La zuppa l'è cotta la trionferà, lallallero-lallero-llà...*». Quando si tranquillizza, si rende conto. Con la preda in mano, lento fa per avvicinarsi al ragazzo.

Anche Cino si rende conto. Il furiere indica il moschetto: «Ridammelo...».

Vorrebbe, ma il milite, avanzando, lo impaurisce. Infila la pallottola in canna.

Il caporale, vista la premura del ragazzo, va più veloce.

Il dito di Cino è sul grilletto.

Il brigata ormai corre a perdifiato verso il suo prigioniero. E questi ha tempo solo di dar retta alla sua paura. Alza l'arma.

Nico lo rintraccia verso sera, come lui mezzo congelato.

Dalla collina assistono al bombardamento. «Sembra il Patrono» medita Zero, riferendosi alla festa del santo. E Orso, rapito dall'incrocio mutevole e inutile delle fotoelettriche, è d'accordo: «È troppo bello, vacca eva».

Non sono tutti lì a godersi lo spettacolo di fuochi rossi, verdi, cangianti. Principe non ha questa gran passione per lo spettacolo d'arte varia, e perciò se ne sta per conto suo, baloccandosi con il corredo di idee che emerge quando non siamo capaci di sorvegliare il processo del pensiero e il sistema di immagini che lo ricrea in simboli.

Simboli: la prima volta che si era accorto di aver ucciso qualcuno. S'era accostato a pisciare contro un muro di *chiudenda*. Dall'altra parte, nascosto, stava un caporale della repubblica. Col mitra l'aveva freddato, e quello s'era contratto, ed era rimasto così, ad arco, come una virgola nel discorso della guerra.

Idee: all'università non poteva discutere. Eppure, leggeva libri, e acquistando parole su parole, era certo che fosse uno sciupio non usarle. Se a Ercole e a Pascal avesse parlato lui il fascistello magari si sarebbe salvato. Ma quello era un altro film.

Immagini: la sua maestra gli faceva ricalcare le copertine dei quaderni, le illustrazioni del libro di lettura e quelle a tutta pagina e variopinte della «Domenica del Corriere», persino le calcografie riprodotte sulle scatole di cioccolatini. I disegni ottenuti erano quindi da pitturarsi all'acquarello, o da colorare con le tinte a olio, i pastelli, le matite. Così, sosteneva, la mano acquista la preziosa abitudine alla cura e alla diligenza, all'accuratezza e allo scrupolo.

Figure: a una commessa di magazzeno una volta aveva fatto la corte. Per gioco: ma lei ci aveva creduto, e così aveva cominciato a crederci anche lui. Si erano visti più volte, ed erano andati al cinema, e insomma lui l'aveva palpata. Non si erano più incontrati.

Immagini, ancora: aveva visto, una sera che tutti gli altri assistevano a un bombardamento, Nico e Cino appartarsi, e li aveva seguiti. Fermo al riparo del gran fusto di una rovere, aveva adocchiato nel biancore della luna o degli incendi l'uomo e il ragazzo accostarsi e assumere la posa che avrebbe detto d'un bacio, se gli uomini tra loro si baciassero come si fa tra uomo e donna.

No, non è vero: non aveva visto Cino e Nico appartarsi. Tutto questo non era successo. Non è materiale per sogni o ricordi. Non è il passato. Non è un'impressione dell'intelletto, forte degli umori della malinconia. Tutto questo accade ora. È questa la sera del bombardamento. È questa la luce che li inquadra. È adesso che i due si abbracciano stretti, e le loro mani cercano il centro dei loro corpi, i sessi, per darsi la pace.

Non prova a farsi nascondere dal tronco. Si rivela: «Non capisco, non capisco. Non capisco».

Non c'è sorpresa né vergogna, né subitaneo ricomporsi, negli atti degli amanti: c'è la medesima tranquillità che forma il tranquillo disgusto di Principe, che nulla dei libri che ha letto e dei disegni che ha copiato o della vita che ha vissuto soccorre in quel giorno senza nemici.

Orso apre la fila, e spazza i rami bassi degli alberi: Principe e Zero, dietro, tengono tra loro la cassa che, quando gli sfugge di mano, produce un rumore di metallo leggero che s'abbozza. Orso allora smoccola, non gli andrebbe mica di saltare in aria con le gavette, il poco cibo, i caricatori, le bombe OTO e quei fessi che le sbattono: «Ohi, bambini, piano col trasporto, o 'sto san Martino lo sentono fino a valle».

Non gli rispondono, non hanno fiato, e lui sputa e si distrae, e il ramo riviene a posto e lo manda a culo per terra: «Che vi ridete, pezzi di merda!» sbraita, ma il gruppo lo cordoglia, Macchia specialmente: «Vuoi fare la guerra ai tedeschi, e non ti tieni in piedi! Bel guerriero!».

«Te e quella puttana di tua moglie!» ribatte Orso. La moglie di Macchia la nominano a vario e osceno titolo, e lui ci scherza. Però, è da metà notte che camminano, e il saliscendi per colline e dossi, col rischio d'affrontare la brigata, e lasciarci la pelle come sputare in terra, gli ha messo l'elettrico in corpo: Macchia quindi toglie la sicura allo *Sten*, e punta dritto al compagno, che *fairless* dice: «Fai, fai, così arrivano i repubblica e sai le feste!».

Sbollito, e vedendo la via di scampo, l'incazzato s'adegua: «Giusto per quello non ti sparo. Ripigliatela con mia moglie, però...».

Minacciosa la tacca del mirino va verso il basso, ma lentamente. Principe allora se n'esce, allegro moderato e rivolto a Orso: «Adesso sì che sei *caduto* per la libertà».

Una risata non vivace stronca eventuali repliche, e segnala che è meglio farla finita e camminare nell'aria tiepida, scossa da improvvise ventate. Cino studia i tronchi degli alberi, lui è della piana, i boschi veri non li ha conosciuti. È stato fatto dalle rogge e dalle marcite, dalle anse petrose dei fiumiciattoli dove nudo faceva il bagno in estate, assieme ai ragazzetti come lui e poco più grandi, nudi anche loro. Per questo si svaga a osservare le piante, e a valutarne il possibile impiego alimentare. Quelle morse dalle bestie son buone: le altre, no. Poi ci sono quelle che si sa che non servono, le more della strega o l'uva primaticcia, tralcio selvatico i cui grappoli vanno da acerbi a marci, senza maturare.

È la fatica che lo riporta a sé e al gruppo. Lo zaino che lo affardella gli sega le spalle, i piedi gli dolgono, torpidi, le mani, da troppo tempo serrate a tenere due fagottelli, soffrono d'un ristagno di sangue e insomma la stanchezza lo impantana. Pure, non vuole essere il primo a lamentarsi, già lo trattano da ragazzino.

Per fortuna, nessuno è di ferro: arrivati al torrente, sbracano giù armi e bagagli e si tuffano sull'erba pelosa della riva, i piedi a mollo, zitti come se avessero qualcosa da rimproverarsi.

Solo Nico resta in piedi, e da un macchione prende le foglie più tenere e larghe, inquisito da Zero: «Dove vai?».

«A cagare, diobono. O ci vuole il lasciapassare?» e s'inoltra, non attendendo risposta. Cammina per qualche minuto, col suo passo insicuro e barcollante. Non deve svuotarsi l'intestino, gli serve di stare lontano da sguardi e voci. La solitudine è un'energia che gli si impone e intima, pari solo all'attrattiva che una notte gli ha spinto le mani tra le cosce di Cino. Il ragazzo aveva reagito con un'indifferenza carica di forse consapevole desiderio: una volta allontanandogli la presa, la seconda protestando a voce, con un «... oh, oh, che, tocchi?» sillabato e rauco, in ultimo lasciandolo fare, solo accordandosi prima: «Dentro no perché mi fai male...».

Da allora s'erano variamente cercati, per l'incrocio e il coagulo d'affetti e necessità, d'una passione che Cino scopriva come si scopre d'essere abili nella corsa o nel tiro, e Nico aveva nella coscienza da sempre, ma praticato solo da quando la guerra, e il suo tempo sconvolto, s'erano portati via le parole che l'arginavano.

Guarda le foglie che ha in mano, e le butta. Decide che è stato via abbastanza, e scivolando un poco, come pattinasse, sul vellutello untuoso del sottobosco, marcia per far ritorno al gruppo.

Bestia è ferito. Macchia l'hanno ammazzato. Questo Cino impara quando li rivede, spauriti superstiti dell'agguato ai germanici. Hanno raccattato delle armi, un fucile è per lui, la prossima volta andrà dietro a fare l'azione, non sono più i tempi belli del culo nel rifugio ad aspettarli. Zero lo interpella, brusco: «Hai preso l' acqua?».

Gli indica i secchi a soffietto, pieni. L'uomo ci immerge la gavetta, e beve. Orso lo imita, intanto che Zero fa bere il ferito. Il corpo di Bestia va irrigidendosi, le scosse che gli hanno travagliato il percorso sono sempre meno frequenti. Il respiro è debole, patologico. In ginocchio, vicino a lui, Nico afferma e chiede: «La palla è dentro...».

«Sì. Non sento il foro d'uscita» dice Principe, toccando piano l'area cancrenosa. E suggerisce: «Forse, con una sonda, se provassimo...».

L'albino non sa che dire, e fila via, perché per oggi di sangue, di vomito, di braccia maciullate e ventri sfondati ne ha abbastanza. Li aspettavano, capito, li aspettavano, con le mitragliere appostate sul ciglione e i mortai vigliacchi di rinforzo.

«Qui non possiamo starci... se sapevano... sanno anche...»

Pure Nico è uscito, e sorprende l'albino mentre guarda i fuochi intermittenti delle armi automatiche che scintillando rigano la pianura. Gli dice: «E Bestia? Lo lasciamo qui?».

«È morto...» sussurra Principe, alle loro spalle. Incredulo, Zero si ribella: «Per una botta nella gamba?».

Principe lo informa: «Aveva una pallottola nella schiena che ha camminato. Non ce ne siamo accorti».

Non c'è tempo di seppellirlo. Zaini e armi indosso, i sopravvissuti s'incamminano.

«La pesante, chi la porta?» domanda Principe, tenendosela tra le braccia come un bambino affogato.

«Sì, ora siamo di meno...» considera Nico. E Zero, rabbioso, allunga le mani: «Poche balle, dalla a me, e muoviamoci!».

Mentre lo affardellano con la *Breda,* Nico sibila a Cino: «Tu, non ti offrire mai, eh?» e scantona, pigliando l'erta ripida.

Mortificato, vorrebbe dire che è già grave dello zaino, del fucile, della paura. Bestia ucciso, pareva un rospo, il mento bilioso di saliva. Ormai però quelli sono nel folto. Li rincorre, e la cinta slacciata del fucile gli va tra le gambe, mandandolo a faccia in terra con mosse scoordinate. È Principe che, tornato indietro, lo aiuta a levarsi, e lo rincuora: «Forza, piccolo, forza, che altrimenti sono madonne!».

Nico ha la testa gonfia di un vuoto nel quale s'impone un pensiero solo: raggiungere il grosso che si sta radunando sull'altopiano dove gli inglesi lanciano. Dove il comitato ha deciso di ripiegare: sa che nessuno aspetta i ritardatari, e dunque hanno da sbrigarsi. Lo spigolo duro della cassa che porta gli affligge i talloni, e le gambe quando riacquista l'energia per tenerla alta. Tuttavia, gli viene da chiedere a chi lo segue, quand'è parecchio che marciano: «Dov'è Cino?».

Orso, arrancandogli dietro, si stupisce: «Ma non sta avanti?».

Molla di scatto il cassone, e con falcate nevrotiche ripercorre la china, lasciando gli altri a disagio per la fifa, ma contenti per l'occasione insperata di sosta.

Preoccupato, si sforza di ricordare la strada fatta. Così sarà più agevole rintracciarlo, se il ragazzo s'è perso o ferito. Cerca, ricerca, e all'improvviso Cino gli appare innanzi, le labbra sporche del sugo dei lamponi che s'era mangiato.

Non gli dà tempo di dire nulla, e al sugo dei lamponi aggiunge con un cazzotto il rosso del sangue. Cino vola a terra.

«E ti va bene che non ti pianto una palla in testa! Mangia, lui! Mangia i lamponi! Ci braccano, e mangia! Su, cammina, imbecille, cammina!»

L'adolescente si rialza, raccoglie il fucile e lo zaino, succhia il salso e il cotto delle lacrime e del sangue che gli colano dal labbro umido. Nico non se ne duole, gliene avrebbe date fino a lasciarlo per morto. A ogni modo, intanto che vanno, dice, senza guardarlo: «Non ci voglio più tornare... hai capito, te? Non mi devono prendere! Non ci voglio più tornare, mai più...».

Ora eccoli vengono ecco Nico e Cino cani tra cani saltare giù dal camion eccoli eccoli vengono volare con l'onda nera e l'arancio rosso sporco delle mitragliate dei fuochi che consumano le case flottanti sull'onda di calore gli uomini ecco eccoli vengono la cosa orribile ustionati dal lanciafiamme bruciano come fotogrammi d'un film inceppato nel proiettore ora vengono ecco vengono i resti degli uomini loro poveri affetti in un unico falò che riarde crepa spacca la terra il corpo della terra nero di fumo bianco d'ossa di cenere lorda di stille oleose sieri dei corpi gialli che lamentano senza voce ecco eccoli vengono si gonfiano esplodono spargendo prismi di verdi puri leccate di giallo guizzante fontane d'un gelido porpora ecco eccoli vengono uno scoppio un fiore ora eccoli vengono uno scoppio un fiore vengono vengono ora uno scoppio senza volume un fiore le membra gli stami i petali il liquido odore cretto cinabro rombante d'azoto vengono il grido di fuoco vengono il lanciafiamme

«Nico... Nico?»

vengono e il ragazzo *vengono* lo scuote più volte, sorridendo, *vengono* abituato alle assenze, ai sogni d'insonne dell'amante. Nico si sfissa, riprende il contatto: può rispondere ora al suo sorriso. S'alza sull'erba pesta dove sono venuti per il sesso, e respira l'aria del lago.

Cino lo vede presente alle cose, e si allontana per pisciare. Quando si rifà vivo, sorprende l'uomo fermo dinanzi alla superficie di stagno dell'acqua, e s'aggiorna: «L'assenza... è stata meglio o peggio, stavolta?».

«Solita sbobba...» bofonchia, ed esemplifica: «Non si distingue se quello che vedi è vero, o se te lo sogni tu.»

Sulla pellicola appena increspata del laghetto viaggiano adesso i tonfi sordi della guerra. Dal bosco, proviene un odore d'animale selvatico. Cino, chinatosi per ramazzare giacca, scarponi e pistola mitragliatrice, considera: «Andiamo, va...».

Nico, d'accordo, ne ripete i gesti, e quando i due sono pronti, s'allontanano per un viottolo di sterrato, che li conduce a un argine. Cino lì può ragionare: «Dopo... dopo me ne vado. In America».

Il suo capo argomenta: «Perché in America? Allora è meglio l'Argentina. O la Iugoslavia...».

«No, l'America. L'America è meglio», prende tempo strusciando lo scarpone sull'erba, come a nettarlo dalla fanghiglia, e seguita: «Vieni con me?».

Non esita: «Che effetto mi fa vedere un pezzo di mondo, se tanto non posso vederlo come vorrei io?», ma rientra dalla sua brusca maniera: «E tu, perché vuoi andartene?».

Nemmeno il ragazzo indugia: «Perché qui fa schifo. L'Europa fa schifo. È un paese di vecchi. Persino i bambini, qui, sono già vecchi. Un paese dove nascono vecchi e morti. Lì, no. È tutto diverso. Si può fare tutto».

L'uomo ride, e con un'intonazione gioiosa e alterata, riassume: «Come no! Ma se si risolve tutto così, potevamo pensarci prima. Invece che starcene qui a fare la guerra come dei balossi, potevamo andarci subito, in America...».

Con rabbia quieta, Cino ribatte: «E non sarebbe stato meglio?».

Già da oltre il confine della piana, segnato dall'ombra dei monti, aumentano gli scoppi dell'ultimo disperato resistere, dell'ultima spallata nervosa. E viene il profumo delle gaggie, e del temporale.

«Meglio?»

«Meglio per noi.»

La cittadina è in festa. Suonano le campane, come minimo la gente balla per la strada, è finita è finita è finalmente finita. C'è il vino per ubriacarsi, la stoffa rossa, bianca, verde, ma soprattutto rossa, per le belle bandiere. I fucili, i mitra, sparano in aria, sgravandosi d'un peso, e il dolore passa a gioia seguendo l'urto dell'alcol e il disordine del sangue e della foia. Ci si bacia, si è felici, la sera nei prati ci si stende ad accorgersi se bello e straziante è il cielo senza nuvole e senza aerei, e, cosa ovvia, a fare l'amore. Una furente, inattesa meraviglia si è impadronita di tutti.

Di lì a un anno Nico andrà in carcere perché riconosciuto colpevole del reato di corruzione di minori e di quello di atti osceni in luogo pubblico. Le sue continue allucinazioni gli varranno il manicomio criminale. Dicono che l'abbia denunciato Duro.

Cino emigrerà, ma in Belgio dove farà una lenta carriera, finita sposando la figlia del padrone di un'industria tessile.

Fonti

Italo Calvino, *Il sentiero dei nidi di ragno*, Einaudi, Torino 1948
—, *Ultimo viene il corvo*, Einaudi, Torino 1988

Massimo Carlotto, *Le irregolari*, e/o, Roma 1998
Beppe Fenoglio, *Romanzi e racconti*, Einaudi-Gallimard, Torino 1992
Primo Levi, *Se non ora, quando?*, Einaudi, Torino 1982
Mario Lodi, *Il paese sbagliato*, Einaudi, Torino 1970
Herman Melville, *Moby Dick, o la balena*, IGDA, Novara 1982
Tonuti Spagnòl, *Sul travas*, ne «Il Stroligut», n. 2, aprile 1946
Gian Franco Venè, *Coprifuoco*, CDE su lic. Mondadori, Milano 1990.

Ava Gardner da un torero all'altro

di Omar Cerchierini

Omar Cerchierini

Non immaginavo che si potesse essere tanto giovani e avere tanto rispetto per la lingua. Omar Cerchierini ha ventisei anni e tratta le parole con autentica devozione. Come farebbe sennò a usare "reotomo" con tanta franchezza, con tanta obbedienza e onore? Omar è nato a Marradi, il paese di Dino Campana. È sull'Appennino tosco-romagnolo, Marradi: luogo dimenticato e distante da tutto, quasi invisibile agli occhi dei visitatori. Il babbo di Omar è operaio, la mamma è maestra. Il figliolo è uno che si è appassionato presto ai libri e a chi li scriveva. Nel suo Olimpo ci mette Tondelli, ci mette Mario Rigoni Stern (chi l'avrebbe detto che un ragazzo della sua età fosse affascinato dal vecchio, mirabile Rigoni Stern?). Ma trovano posto anche americani come Hemingway e come Carver o quel signore di immense pagine come Rilke. Omar dice d'essere un lettore lento. E di aver spesso voglia di rileggere. Poi mi racconta della sua passione per il jazz vocale. «Le cantantesse mi hanno sempre affascinato molto» confessa con quel lieve accento toscano che si brucia sulle montagne e si contamina con il romagnolo per poi tornare indietro, riprendere intonazioni della valle e correre di nuovo libero verso prati e boschi più lontani. Vive in casa, Omar. Con la mamma, il babbo e un fratello più piccolo. «Dovrò dirlo al babbo» mi dice. Sappiamo entrambi cosa dovrà dirgli. «Non si può più tenerlo nascosto, no, non si può.» Ha intuito presto il vero segreto per non avvelenarsi la vita con un silenzio amaro. «La mamma l'ha capito quando sono usciti i primi racconti. Ha versato un po' di lacrime. Ma ora s'è chetata.» Questi mesi sono assai importanti per Omar. È appena uscito il suo primo romanzo Il sacrificio dell'istrice *(Rizzoli) e lui ammette d'essere "agitato e contento". Da poco s'è laureato discutendo la tesi al* DAMS *di Bologna, una tesi – guarda un po' – su Tondelli. Iniziò a scrivere "in modo continuativo e serio" a diciotto anni collaborando con la casa editrice Transeuropa, pubblicando alcuni racconti nell'antologia Coda, restando incollato ai suoi fogli con la fiducia che solo i grandi innamorati conoscono.*

Ava Gardner da un torero all'altro

1

Insomma, a un bel momento viene fuori che c'era questo tizio di nome Vic Mendoza acquattato nel buio.

«Vic!» gli faccio. «Vic Mendoza!»

E lui niente. Silenzio.

«Vic, sono io.»

Niente. Manco morto.

«Vic?» insisto. «Guarda che lo so che ti sei acquattato nel buio.»

Silenzio. Silenzio peggio di prima.

«Io vado a telefonare, Vic. Vic? Mi senti, Vic? Io vado a telefonare un minuto e torno subito da te...»

Il buio era fitto un casino. Guardavi e guardavi ma non ti riusciva di scorgere niente. Sapevo che questo Vic Mendoza conosceva diversi componenti della redazione danese di «Løvers», così come sapevo che qualche anno prima aveva tentato un mucchio di carte false pur di riuscire a farne parte.

Non era un vizioso normale.

Voglio dire, lui non era semplicemente un pedofilo. A Vic Mendoza, cazzo, gli piacevano i *feti*. Se continuava in quel genere di regressioni era praticamente fatale che prima o poi avrebbe potuto venirgli duro solo davanti a un pugno di spermatozoi. In riviste come «Løvers», gli episodi con protagonisti spermatozoi non c'erano ancora. Cazzo, avrebbero dovuto ricorrere ai telescopi. Non era più una questione di semplice pornografia. Gli ci voleva proprio la scienza!, i microscopi a scansione!, i *vetrini*, cazzo!

«Vic» gli dissi. «Non muoverti da dove sei, d'accordo?»

Tutt'attorno, ricordo, aleggiava una specie d'indefinito silenzio perplesso.

«Vic?» insistetti. «Allora faccio questa cavolo di telefonatina e poi torno.»

Niente. Nessuna risposta.

Niente di niente. Manco morto.

Metto via la pulp-scemenza che sto leggendo e il treno infila, straorzando, l'ennesimo tunnel; penso che Michele è sempre il solito: «Vieni con me a Firenze?». E lui: «Sì sì, Pier! Contaci, Pier!». «Non tirerai bidoni, vero?» «No. Non tirerò bidoni.» «Giura.» «Giuro. Lo giuro.» E io che ancora ci casco...

Poi penso che con Samu è finita da mesi, che sono sempre più triste e sempre più solo, con 'sta colite che mi si mangia vivo nonostante gli Xanax, i Valtrax, i Plasil... Perché io le pietre sopra la nostra storia, mi dico, non so e non posso metterle!

2

Un'ora fa a Marradi, prima della partenza, sembrava di essere già in estate: cielo cilestrino, ginestre fiorite, profumo di tigli, e i ragazzini di sedici anni che giravano in camicia. Pur io sono vestito leggero: Wrangler stinti, abbondante maglioncino di cotone bianco e, ai piedi, i soliti mocassini bassi scamosciati che non mi slanciano per niente, più lo zainetto di stoffa preso in Grecia, ultramorbido, una cosa a metà fra il Mocio Vileda vero e proprio e la cesta di fra Galdino, il superbo raccoglitore di noci reso immortale dal Manzoni. Una sciccheria. Con, dentro, una T-shirt "Fruit of the Loom" di due taglie più grande che preferisco all'orrido pigiama, piccolo beauty in tela nocciola e il tascabile nuovo fiammante di *Altri libertini*.

Due ore di treno per fare sessanta chilometri. Partenza alle dodici e trentacinque da Marradi, col concerto della Carter che inizia alle ventuno e trenta all'Auditorium Flog di Firenze, zona Michele Mercati, fra dei gran campi da tennis, mi ha spiegato Betta, per cui da Santa Maria Novella basterà prendere l'autobus quattro e una volta su chiedere al conducente. Poi, appena messo piede su questo treno, cinquemila gallerie, anche se ogni volta che sbuchi fuori nel verde aperto dell'Appennino quasi ti manca il fiato per la troppa bellezza...

E allora è fatale ripensare a Samu, sentirti più triste e solo dell'amico Giannino che tre settimane fa ha lasciato casa e tutti noi amici per ottemperare agli obblighi di leva. Anche lui mi mancherà, adesso che per dodici mesi sarà a Gorizia, poveraccio, prigioniero della caserma, senza un affetto né niente, costretto a montare di guardia col capo posto najone che prende per il culo le spine e l'ufficiale d'ispezione che fa di tutto per coglierti in castagna e punirti e darti giorni di rigore e farti sentire ancora più prigioniero e solo di quanto già non sei. Betta e io siamo già d'accordo d'incontrarsi verso metà pomeriggio davanti al Battistero, la facciata che guarda il duomo, e lei, visto che avevo bisogno di un alloggio per la notte, mi ha offerto il suo divano, così potrò contenere al minimo le spese. Fuori dal treno, intanto, il paesaggio gradualmente cambia: il lampo azzurro del cielo si è orlato di piccole nubi candide, mentre pian piano viene su questa dolcezza collinare dei cipressi, degli ulivi.

3

Arrivo a Firenze che non sono ancora le tre. Avrei un mucchio di tempo per passeggiare e guardarmi intorno, se solo avessi voglia. L'aria è chiara e malinconica, calda. Decido di salire su un autobus a caso e godermi un po' di città senza scendere. Il giro è lungo, da Santa Maria Novella a piazza delle Cure e ritorno. La gente sale e scende, un paio di volte mi alzo dal sedile e cedo il posto agli anziani. Per il resto, guardo fuori, la cesta di fra Galdino sempre sulle ginocchia.

Docile, tremando di una leggera vibrazione interna, l'autobus guadagna il suo calendario di fermate e stazioni, e un giovane di diciott'anni dai lunghi capelli con una cartelletta sotto il braccio, per un po' viene a sedersi di fronte a me. Forse è un disegnatore o un giovane pubblicitario, ha gli occhi buoni da contadino, onesti sulla faccia larga e gentile, timidi. Ogni tanto penso che vorrei avere qualcuno da abbracciare e, ogni tanto, non so come, mi vengono in mente le osservazioni di Hortense Powdermaker sul cinema USA che prende le distanze dal modello hollywoodiano. Mi vengono in mente queste superfetazioni tipiche del DAMS, credo. Con tutto che sarei iscritto al primo anno di lettere classiche, e il po' di cultura cinematografica di cui sono in possesso l'ho ricavata da autodidatta, frequentando il cineforum Clandestino a Faenza...

Mentre la storia con Samu è finita da mesi, a me tornano in visita le osservazioni di Hortense Powdermaker! Sto male. Sto *malissimo*. Comunque, secondo Powdermaker c'era questa nuova generazione d'attori provenienti da Broadway e dalla televisione, formatasi alla scuola naturalista dell'Actor's Studio, che rifiutava il glamour e le artificiosità dello star system. Nel 1959, Marlon Brando, Anthony Perkins, Paul Newman e i loro corrispettivi femminili Barbara Bel Geddes, Kim Stanley e Carroll Baker, a differenza delle star hollywoodiane, non possedevano una bellezza eccezionale, però suscitavano un grande interesse lo stesso per via dell'intensità dei loro sentimenti, non già per il fascino fisico, al punto che il loro stile di recitazione cominciava a essere imitato dalle star tradizionali...

Mi viene in mente Ingrid Bergman che abbandona marito e figli per vivere con Rossellini; Rita Hayworth, la donna più bella del mondo, che rompe la sua relazione con Orson Welles, l'uomo più intelligente del mondo, e si fa notare in compagnia del playboy internazionale Ali Khan; Ava Gardner che passa da un torero all'altro, e la Monroe che sposa un campione del baseball, poi un drammaturgo, nell'attesa che, alla memoria, le venga un giorno attribuita una relazione con il presidente Kennedy. E Liz Taylor che rivive l'appassionata avventura della regina d'Egitto col Marco Antonio-Richard Burton sul set di *Cleopatra*... Voglio dire: mi tornano in mente tutti questi esempi di nuovi tipi di star in cui la donna innamorata e che dà scandalo ha il sopravvento sull'attrice; in cui la vita privata suscita più interesse e commenti dei ruoli cinematografici, poiché non solo codeste dee amano ma sono soprattutto infelici e costrette, fuori dagli schermi, al suicidio. "Come non pensare a Judy Garland, o alla stessa Monroe!" mi dico. "Come non sentire tutta questa tristezza concentrica per le cattiverie di Samu..."

Poi il giro finisce, e tutta la mia vita è di nuovo in centro.

Allora, per dimenticarmi d'ogni cosa, decido di entrare in una libreria con l'aria condizionata e le poltroncine post-moderne.

Mancano venti minuti alle sei e io sono sempre dentro la libreria, indeciso se acquistare una nuova copia delle lettere di Rilke al giovane poeta oppure no. Alla fine acquisto il libro con l'idea di regalarlo a Betta. Esco dalla libreria e i venditori ambulanti di piazza Duomo stanno chiudendo le cento bancarelle. Il sole ancora illumina, in alto, il rosa e il verde dei marmi.

Davanti alla facciata del Battistero che guarda il duomo dev'esserci una specie di ritrovo di turisti tedeschi: arrivano da tutte le direzioni con queste sporte di Benetton colme di acquisti quasi si fossero dati appuntamento, e io sono semi-immerso nell'occhio immobile del loro piccolo vortice, quando scorgo Betta che cerca attorno con lo sguardo, il naso in aria, seguendo una pista olfattiva.

È distante dieci passi, e ha tagliato i capelli nerissimi a caschetto. Ha qualcosa di maschile e sbarazzino, il collo lungo e l'incarnato sano, da persona serena che fiuta l'aria. «Betta!» chiamo, levando un braccio in aria. «Ciao, Betta!»

Esco dall'occhio del vortice e le vado incontro. Ci abbracciamo. Scambiamo baci sulle guance. «Hai tagliato i capelli» dico.

«Come sto?» chiede lei. «Di' la verità, avanti. Come mi trovi?»

Io rido: «Non capisco perché ai tuoi capelli sia dovuta succedere una cosa simile. Cosa abbiamo fatto perché dovesse capitarci questo?...».

«Be', grazie tante...» dice lei, e subito scioglie l'abbraccio, ed è chiaro che vorrebbe colpirmi.

«Ma ti amo ancora» le dico «e ti amerò sempre! Tu non mi ami?»

«No» dice Betta. «Non credo. Mai.»

«Che stai dicendo? Hai perso la testa!»

«No» ride lei nel suo broncio finto, arretrando di mezzo passo. «Non ho da perdere nessuna testa!» Valuta le mie scarpe scamosciate, il maglioncino di cotone, lo zainetto, dice: «Guarda che sei vestito da vomito, ti rendi conto?».

«Sul serio?»

«Te lo giuro» dice, e di nuovo si fa sotto per abbracciarmi e ride.

Sfilo dallo zainetto il piccolo dono che ho comprato per lei e glielo porgo: «Questo libro è per te» dico.

Betta prende il libro, guarda la copertina azzurro opaco; lo sfoglia tra le dita. Guarda il frontespizio, dice: «È una raccolta di lettere».

«Sì. Una raccolta di lettere speciali. Sono vecchie di cento anni ma ci predicono il futuro. Leggilo, e dopo portalo sempre con te. Lo prometti?»

«Certo» dice lei. «Ti ho mai disubbidito?»

«No» dico io. «Non credo. Mai.»

Lei chiude il libro e lo infila nella tasca del cardigan leggero. Poi dice: «Così, trovi che questo taglio di capelli mi stia da schifo» e fa il gesto di pizzicarmi il braccio per vendetta.

«Già» rido. «È così, luce dei miei occhi. È quel che ho detto, cara.» Poi le dico che mi scappa la pipì e Betta propone di andare a casa sua. Mi farà vedere dove abita, dice.

Camminiamo veloci in mezzo a turisti che guardano in aria, le vetrine con i prezzi che brillano lungo la fuga dei marciapiedi.

4

Il palazzo dove abita Betta è enorme, antico, con tantissime scale e archi. L'appartamento, che lei divide con altre due studentesse, è al quarto piano. La prima cosa che vedi entrando è questo grande soggiorno con tre tavoli da studio. Il soggiorno prende luce da una coppia di finestre. Poi c'è la cucina, con un poster del modello di Dolce&Gabbana – berrettino in testa e lingua di fuori voluttuosamente arricciata verso l'obiettivo – e il bagno è dov'è di solito in questo genere di case colme d'anni, di fianco alla cucina. «Cavoli, Betta» le dico una volta dentro, sovrastando lo scroscio dello sciacquone, «Un bagno così non si vedeva neppure in *Vive l'amour*!». E quando son fuori Betta è seduta al tavolo della cucina con questo maxi stradario di Firenze aperto.

Mi mostra il percorso che dovrò fare. Non sembra una cosa insormontabile. «Comunque» dice «portati via la cartina, e se ti perdi telefona. Ti ricordi cosa devi chiedere all'autista?»

«Via Michele Mercati» dico. «Non sarò del posto, d'accordo, ma non sono ancora del tutto scemo. Non sono un lobotomizzato. Sono una persona che soffre, ma non mi hanno ancora lobotomizzato.»

«E così» dice Betta «trovi che questo taglio di capelli mi stia da schifo.»

5

I jazzisti sono sfigati, si sa, e sulle prime il locale mi appare piuttosto misero, improvvisato quasi. In realtà è una disco piccoletta, con tutta un'impalcatura simil-cantiere che risale il soffitto, e il palco è modesto, e le sedie sembrano sedie da campeggio. Trovo un posto centrale, quinta o sesta fila, non vicino né distante dal palco, e quando mi guardo meglio attorno scopro, invece, che l'atmosfera non è così tremenda, che sembra, quasi, di starsene in famiglia. Saremo un'ottantina, e le luci sono soft, rossastre: si riflettono sulle cromature della batteria, le aste dei leggii, dei microfoni, e l'età media del pubblico è più giovane di quanto ti aspetteresti a un concerto della Carter. Non dico siano proprio miei coetanei, ma sopra i trenta non ci si va di sicuro, anche se accanto a me siede una coppia sulla cinquantina e, di fianco alla coppia, questo signore che ha tutta l'aria dell'insegnante di musica un po' artistoide, con i capelli grigi tagliati a caschetto e gli occhiali di tartaruga scivolati in punta al naso. Qualcuno applaude, alle mie spalle, per invitare la Carter a entrare in scena. Si sentono anche dei fischi, come di chi richiami il cane ai giardinetti.

Betty Carter compare quasi di straforo. Entra in scena mentre pianista, contrabbassista e batterista stanno suonando già da un po': sono alla prese con un passaggio in salita e vulcanico, e c'è questo applauso che subito nasce in platea e subito cresce dentro un'onda. Lei è piccola, come l'ho vista in foto, e all'inizio sembra addirittura scalza e invece ha ai piedi un paio di scarpe bassissime sotto il vestito di raso nero allacciato con un fiocco al collo, che lascia nuda una spalla e scende a lambire le caviglie. I capelli sono stretti in corte treccine afro, e le labbra brillano di un rosso fuoco, e lei sorride dietro gli occhi veloci, il viso mobile di espressività e sfumature autoironiche, mentre intona *What's new* e il suo canto si distende, accordato ai suoni in salita dei musicisti, occupando tutto lo spazio che serve, ridisegnando il tempo di cui la voce ha bisogno per esercitare il sortilegio che, invece di semplicemente lasciar alloggiare le cose, le fa abitare. Betty Carter scherza con le parole, canta: «Che c'è di nuovo? Non siete cambiati d'un briciolo, bisogna ammetterlo», e la sua voce scivola su tonalità bassissime, maschili, soffiata dentro dettagli molto fisici, come il modo che ha di impugnare il microfono mentre intona l'attacco di *Useless Landscape*, il brano che Jobim ha scritto per lei poco prima di morire. Il pubblico applaude, il contrabbassista s'avvita in un assolo di note corte martellate; parte in fuga, le dita che pizzicano velocissime dentro un'ovalità superba di tensione prolungata, tenuta in quota per piccoli ponti invisibili che conferiscono alla cascata dei guizzi una compattezza spirituale e fisica. E poi il canto riprende, e i brani si susseguono secondo una scaletta che può permettersi di essere decisa sul momento, quasi, con Betty Carter che fa da gran regista, dà il via ai pezzi e segna tutte le chiusure. C'è qualcosa di selvaggio, in questa voce. Qualcosa di selvaggio che presuppone una tecnica superlativa, e poiché la sua voce è viva, colma di concretissima fisicità, la Carter sputa nel suo kleenex per spurgarsi, in barba a tutti i bon ton e galatei o irriverenze studiate di rocker di MTV che gridano da palchi miliardari a un pubblico sterminato di persone. Viene su questo scat frequentissimo e straordinario e lei improvvisa, sola, con la voce che è tamburo e sassofono, martelletto di pianoforte e contrabbasso, e il pubblico s'invola nel suo ritmo e applaude a lungo, a tal punto che lei deve interrompere, sorridere letteralmente da orecchio a orecchio prima di riprendere con *But Beautiful*.

C'è ancora tempo per *Sometimes I'm Happy* e *East of the Sun*, due standard del repertorio, ma aggrediti e stravolti nel suo modo inconfondibile, così che il copione è rispettato, e la gente è tutta in piedi, che continua ad applaudire finché lei non torna in scena per il bis. Il pubblico delle prime file corre fin sotto il palco, e lei ride, dice: «And so I'm back again», intona *Look What I've Got* e la rotondità di strumenti e voce di nuovo instaura il suo regno occupando tutte le direzioni della sala, tutto lo spazio di cui ha bisogno. Il bis si conclude, e stavolta il concerto è davvero finito.

Se ne va, Betty Carter. Domani salirà su un aereo e tornerà a New York, o nel Michigan, non so. Non so quasi nulla di lei, ma proprio in *Just Like the Movies* Betty Carter parla di questi viaggi intorno al mondo su un aereo, senza te: «Provo a dormire un po'» dice, «ma le probabilità sono scarse. Domani sarò a casa, e io non posso aspettare di sapere se tu sarai ancora lo stesso oppure no».

6

A casa di Betta rientro in taxi, seduto stretto in un cantuccio.

Quando arrivo su, c'è Betta in piedi contro l'orbita illuminata della porta. È in pigiama, un pigiama da maschio celestino e sulle spalle, per ripararsi, ha il cardigan leggero che aveva indosso oggi pomeriggio. È quasi l'una di notte e lei ha gli occhi rossi, ha pianto, e vederla a quel modo mi apre una specie di vuoto in mezzo al petto. «Che cavolo succede» le dico, «eh?»

«Ma *niente*» dice, e lì per lì si sforza pure di ridere, le viene su una smorfia che quasi la fa diventare rossa in viso. «Entra» fa. «Com'è andata» chiede nel suo nuovo modo rauco.

Son dentro anch'io, che chiudo cauto la porta e la seguo veloce per l'ingresso. «Ma cosa cavolo è capitato?»

sussurro piano, spinto in avanti dalla mia stessa preoccupazione priva di dettagli, con nessun fondamento chiaro né appoggi di partenza.

Arriviamo in soggiorno e lei dice «Aspettami mezzo secondo» senza voltarsi, senza preoccuparsi di accendere una luce né niente, anche se i profili delle cose si distinguono, poiché da dietro i vetri delle finestre arriva la radiazione indiretta d'un lampioncino di strada.

Quando rientra in soggiorno ha con sé un copriletto, una trapuntina leggera. Posa il copriletto sul divano e si allunga oltre lo schienale in cerca del reotomo dell'abat-jour. Dice: «Le mie amiche stanno dormendo». Accende la luce e mi fa cenno di sederle accanto. «Parliamo piano» riprende. «Non mi va che si sveglino e vengano a vedere come se la passa la loro compagna di casa in questo momento.»

Sono seduto accanto a lei, muto davanti ai suoi occhi rossi che hanno pianto. «Avanti» dico piano. «Cosa cavolo è successo?»

Non so bene dove mettermi per cominciare. Il divano è lento e non molto largo. È scomodo. Continuo a guardare gli occhi rossi di Betta e all'improvviso so che desidererei essere in qualunque altro posto ma non qui. Lei scuote i capelli corti e sfila un pacchetto di Marlboro morbide dalla tasca del cardigan leggero.

«Allora?» dico. «Non dovevo essere io, il sofferente?»

Il fumo vaga lento per la stanza. Una voluta sale verso la finestra chiusa. «Coraggio» dico. «Perché cavolo hai pianto?»

Betta afferra il posacenere dal tavolinetto. Incrocia le gambe e siede all'indiana sul divano. Sistema il posacenere sulle gambe, raddrizza la schiena, si lascia aderire meglio contro la spalliera. «Sono una deficiente» dice. «Sono una persona che meriterebbe di essere compatita.»

«Ma quello un po' tutti» dico «alle volte. Chi più chi meno, un po' tutti, alle volte, nella vita meritiamo d'essere compatiti.»

«Ho permesso al solo ragazzo che abbia mai amato di lasciarmi. Lele» dice «mi ha lasciata.»

«Quando è successo?» dico io.

«Tu sei andato a sentire il tuo concerto e Lele mi ha lasciata.»

«Come è successo?»

La sua sigaretta finisce e lei la schiaccia nel posacenere. La schiaccia finché il tizzoncino bruciato del tabacco non si stacca dal filtro disperdendosi, sbriciolato in particelle. «Oh, Pier!» dice col labbro che trema. «Santo Dio, Pier.»

La luce dell'abat-jour dal suo lato la illumina senza pietà, illumina i suoi occhi gonfi senza pietà: «Quest'estate dovevamo andare insieme a Pamplona. Ne parlavamo da due anni, e quest'estate l'avremmo fatto. Potevamo vedere Pamplona e non la vedremo. La deficiente che ti siede accanto non vedrà mai Pamplona né, per un bel pezzo, nessun altro posto. Ho permesso al solo ragazzo che abbia mai amato di lasciarmi e adesso pagherò tutte le conseguenze».

Le arrivano altri lucciconi e piange. Vuol essere abbracciata, e io l'abbraccio.

Parliamo e parliamo. Quando smettiamo di parlare sono le cinque del mattino, quasi. Non guardate mai il volto della vostra migliore amica alle cinque del mattino.

7

«Lo vedi come sto, no?» dice Betta. «Ti rendi conto che sto cadendo a pezzi? Dovresti aiutarmi!»

«Lo so» dico. «Mi dispiace.» All'improvviso mi torna in

mente una cosa successa un paio di giorni fa: dopo tutto, io sono una persona che due giorni fa ha abbracciato un albero. Penso di raccontarlo a Betta. Penso che forse l'aiuterebbe a cacciare indietro il male di cui soffre. La persona a cui sta chiedendo aiuto ha abbracciato un albero, un paio di giorni fa. «Sai» le dico «l'altro ieri sono uscito insieme a Laura. Siamo andati a fare un giro con la sua Matiz. Era una bella giornata di sole. Si stava bene.» «Siamo saliti fino al passo dell'Eremo» dico. «921 metri sopra il livello del mare. Lì ci siamo fermati e siamo scesi dall'auto. Intorno non c'era proprio nessuno. Potevi sentire la voce del vento che attraversava la valle, e il profumo dei pini riempiva l'aria. "Senti?" dicevo a Laura. "Respira!".»

Ce ne siamo stati così per un po', illuminati dalla luce trasparente-dorata del pomeriggio. Respiravamo l'aria che sapeva di pini, e poi ci siamo seduti sull'erba nuova d'un declivio, sotto una grande quercia. "Chissà quanti secoli avrà" consideravo fra me "questa quercia." Guardavo la quercia enorme, forte, i rami fitti e ritorti che guadagnavano il cielo.

«Mia madre dice che le querce assorbono le energie negative» ha detto Laura.

«Sì» ho risposto.

«Le querce sono l'immagine della forza» ha detto Laura. «Se le abbracci, sono in grado di assorbire tutte le energie negative e scaricarle, tramite le radici, fin dentro il cuore riparatore della terra.»

Per un po' sono stato lì a pensarci. Ho pensato di essere un uomo a pezzi. Ho riflettuto che dopo Samu, io, nei confronti del mondo, non avevo più niente da perdere.

«Avanti» mi incitava Laura. «Forza!»

S'era alzata in piedi, e con le braccia abbracciava l'albero. È rimasta ad abbracciare la sua quercia per un po'. «Avanti» m'ha detto. «Prova!»

«Bontà divina» le ho detto. «Mi sentirei uno *stupido*.»

«Smettila» ha fatto lei. «Devi essere concentrato, altrimenti non serve a nulla!»

In modo circospetto mi sono avvicinato all'albero e mentre ridevo l'ho abbracciato.

«Concentrati!» m'incitava Laura. «Devi pensare di allontanare da te tutte le influenze negative!»

Sentivi il vento che attraversava la valle. Il vento risuonava in alto tra i rami, l'aria sapeva d'erba e io abbracciavo un albero radicato sulla terra. Da secoli saldo sulla terra. Ho provato un senso di quiete. Un'intima pace mai provata prima.

«Forse si trattava solo di suggestione» dice Betta.

«Magari sì» faccio. Guardo l'inclinazione che ha il suo sorriso alle cinque del mattino, l'enorme stanchezza che abita ogni cosa. Però non è una stanchezza cattiva. Con tutto il dolore che c'è dentro, alla nostra età, mi dico, non potrà mai darsi che sia cattiva.

«Allora» dice Betta «dovrei tanto abbracciare una quercia anch'io, in questo momento esatto.»

Le salgono agli occhi altri lucciconi e la mia amica piange. Vuol essere abbracciata e io l'abbraccio. «Forse dovremmo trovare del pane caldo» dico, dopo un bel po' che ci teniamo stretti. «Forse ci basterebbe trovare un buon fornaio e il suo pane caldo da mangiare.»

L'ultima estate
Mani

di Stefano Simonini

Stefano Simonini

Non l'ho mai incontrato. Voglio dire: non l'ho mai incontrato di persona. Non ne abbiamo avuto ancora il tempo. Non so nemmeno quale timbro abbia la sua voce, né che luce abbiano i suoi occhi, né so immaginarmi i movimenti delle sue mani o l'andare del suo passo. Della sua esistenza ho solo due prove: un plico che tempo fa è approdato in mezzo a tanti altri sulla mia scrivania riuscendo chissà come a evitare il naufragio e una lunga serie di missive elettroniche che ci siamo scambiati dallo scorso gennaio. Nella busta, larga, piatta e arancione con un francobollo inglese, c'era il suo romanzo L'angelo custode *(Edizioni La Conchiglia) che ha come personaggi e interpreti la Malattia e il suo corredo di incubi o sogni decaduti, le febbri e i balbettamenti, le ossessioni e i diluvi prima della morte e dopo la vita. Ho l'impressione (che non saprei circostanziare) che Stefano Simonini abbia bissato la semplice, infantile – e comprensibile – paura di morire. Osserva il decadimento come un sopravvissuto e con la coscienza però che gli viene dalla convinzione che nessuno alla fine sopravvive. Affronta il racconto del dolore senza fregiarsene perché il dolore non è né una punizione né un merito: accade, colpisce alla cieca. Uno può solo accoglierlo o rifiutarlo. (Tanto vale prenderlo e custodirlo e, se poi uno ne è capace, descriverlo.) Gli ho chiesto ingenuamente di raccontarmi chi sia e lui mi ha risposto senza circonlocuzioni: «All'inizio degli anni Ottanta ho frequentato la scuola di teatro L'Arsenale di Marina Spreafico e Kuniaki Ida a Milano, e poi ho recitato per circa otto anni, gran parte dei quali alla Piccola Commenda di Milano con Flavio Ambrosini. In questi otto anni, per non morire di fame, ho lavorato saltuariamente per una società milanese proprietaria di una catena di 34 negozi di scarpe. Nel 1994 un amico del proprietario di questa società ha deciso di aprire una catena di negozi di scarpe italiane a Giakarta, in Indonesia, e mi ha offerto un cospicuo stipendio mensile, una casa con piscina eccetera, e io che non credevo più molto nel teatro e non vedevo sviluppi futuri, ho accettato. Dopo circa quattro anni a Giakarta, ho vissuto un anno a Bucarest, e poi da tre a Londra, dove lavoro sempre per lui, vendendo e comprando stock di calzature sportive. Tutto qui, niente di eclatante. La cosa più bella di questo mio girovagare per il mondo è che nel '96 ho incontrato Michel, il mio attuale compagno e la storia più lunga della mia vita».*

L'ultima estate

Dopo la calura durata tutto il giorno, la sera si era rapidamente rinfrescata. Era ancora chiaro ma in cielo già si intravedeva una luna piena. Era settembre, presto le giornate si sarebbero accorciate e il caldo diminuito. Un altro inverno. La casa era apparecchiata per l'arrivo degli ospiti. Sarebbero stati almeno dieci: un buffet in piedi visto che non c'erano abbastanza sedie per tutti.

Era il compleanno di Diego, il suo trentacinquesimo. Aveva voluto lui la festa, e Pierre era stato subito pronto ad accontentarlo. Non sapeva più cosa fare per lui nell'illusione di poterlo vedere felice ancora una volta. Diego è steso sul divano, gli occhi chiusi come se stesse dormendo. In realtà anche solo aprire gli occhi gli costa ormai una fatica immensa. È ammalato di AIDS da un anno, dopo sette di sieropositività passati senza alcun problema, come se niente fosse mai accaduto. Poi, un giorno all'improvviso, senza segni premonitori, una diarrea devastante lo aveva colpito mentre erano in spiaggia e lui per una settimana intera aveva dato la colpa al cibo e, solo dopo essersi quasi completamente disidratato, aveva lasciato che Pierre lo accompagnasse in ospedale dove avevano scoperto che la diarrea non dipendeva dal cibo ma non era che il primo sintomo, la prima e tanto temuta battaglia con la malattia.

Da quel momento, giorno dopo giorno, le sue condizioni erano peggiorate. Tutte le cure che gli erano state fatte non avevano mai conseguito alcun miglioramento e la fine non aveva fatto altro che avvicinarsi. Diego oggi è irriconoscibile. La lacerazione per Pierre è così grande che ogni volta che incontra i suoi occhi ne distoglie lo sguardo, come se stesse morendo anche lui. Accende le candele profumate che ha preparato sul terrazzo dove appaiono la Madonnina illuminata in alto a destra e sulla sinistra la Torre Velasca: due modi diversi di chiedere favori al cielo.

Si sono incontrati otto anni fa a Lisbona dove Diego passava le vacanze da un ex amante mentre Pierre c'era andato insieme a degli amici. Si erano visti una sera in discoteca e si erano subito piaciuti. Pierre era rimasto colpito da quella faccia non bella ma decisamente e sensualmente maschile, da quel naso grosso, da quelle labbra carnose, e poi le mani grandi e forti che infondevano sicurezza. Diego, al contrario, era rimasto abbagliato dalla regolarità della bellezza di Pierre, una bellezza che negli uomini francesi nasconde sempre un frammento di femminilità. Erano andati via insieme, e insieme avevano finito la vacanza, dieci giorni memorabili che avrebbero cambiato le loro esistenze.

Si erano sentiti sempre più spesso per telefono e dopo soli quattro mesi durante i quali aveva duramente studiato italiano, Pierre si era trasferito a Milano e lui e Diego avevano preso a vivere insieme. E sono ancora lì, insieme, anche questa sera che sta diventando rapidamente fresca. Pierre ha preparato quattro insalate diverse e due quiche e un enorme roast-beef e una zuppa fredda e poi un piatto di salumi e formaggi e del vino bianco e rosso e la frutta e lo champagne e la torta di crema e fragole di bosco.

Pierre ricordava quella vacanza in Messico come un vero incubo. Fin dall'inizio aveva capito che le cose si stavano mettendo male ma la paura che i propri timori fossero confermati aveva fatto sì che stupidamente accettasse le puerili motivazioni di Diego. Avevano passato tutta la settimana ostaggi in una camera d'albergo, l'aria condizionata spenta perché Diego aveva sempre freddo, l'odore insopportabile di merda, le corse in farmacia a comprare litri di sali per contrastare il rischio di disidratazione. La notte non riusciva a prender sonno e se ne stava seduto per ore a guardare il soffitto e a scacciare i pensieri, controllando il riposo agitato di Diego che passava dal silenzio totale a urla mostruose, figlie dei suoi incubi. Ogni paio d'ore Diego si svegliava tremante e inondato di sudore e Pierre lo aiutava a cambiarsi e lo guardava riaddormentarsi subito, così, fino al mattino che avrebbe aperto un nuovo giorno di apprensione e di paura. Diego adesso dorme steso sul divano, il sorriso disegnato sulle labbra, il sorriso sereno di un ragazzo felice ed è soltanto in quel sorriso che Pierre riconosce il passato.

Le prime ad apparire sono Lisa e Anna che è arrivata quello stesso pomeriggio dalla Grecia per partecipare alla cena del compleanno di Diego. Sono sei mesi che non si vedono e Lisa, che invece vive a Milano, nota immediatamente sul volto dell'amica una profonda ombra di sgomento. Chi non lo vede da qualche tempo non riesce a riconoscere Diego.

Le note di *Say my Name* delle Destiny's Child riempiono la stanza. È stato Pierre a scegliere questa canzone per Diego perché sa di fargli piacere. E poi arrivano tutti gli altri: arriva Paolo, arrivano Giorgio e Giovanni, arriva

Claudia e Flavio e Salvatore, poi arriva Pietro e per ultimo Ivan. Da quando le cose sono andate peggiorando, Ivan è quello che sembra averne sofferto di più perché la stessa cosa prima o poi potrebbe succedere anche a lui. Perché Diego sta morendo e non c'è rimedio. Perché per Diego la parola futuro ha perso di senso. Perché per lui vale il passato, valgono i ricordi da stringere forte con la mente per non lasciarli scappare. I ricordi e nient'altro. Nessun progetto.

Tutti si conoscono da tempo perché in qualche modo sono cresciuti insieme, si sono incontrati e scontrati più volte ma non sono tutti amici. Spesso, in passato, alcuni di loro hanno deliberatamente evitato di incontrarsi per manifeste antipatie ma questa notte ci si vede per Diego, per lui si fa questo e altro. Diego sorride guardandoli mangiare e parlare tra di loro. Sono loro la sua vita, la famiglia che faticosamente si è costruito nel corso degli anni.

La risata di Anna, ancora così bella nonostante il passare degli anni, sovrasta le altre voci. La serata procede nel migliore dei modi. Pierre guarda Diego e ricambia il sorriso. Dalla strada non giunge alcun rumore, come se la città fosse deserta. Giorgio, ubriaco, è brillante come sempre: l'alcol gli scaccia lontano le tristezze e lo rende euforico. È seduto vicino a Diego, gli parla all'orecchio e Diego, tenendogli una mano tra le sue, ride fino alle lacrime. Il suo braccio destro è legato a una flebo. Da qualche mese non riesce più a mandar giù nulla. Da quando è arrivato, Giorgio non ha smesso di bere, è su di giri, si è già seduto e rialzato dal divano dove Diego è steso una decina di volte, lo ha fatto ridere, nel vecchio e irresistibile numero in cui, davanti a chiunque e in qualunque luogo si trovino, lo chiama – urlando – al femminile; poi, dopo avere attirato l'attenzione di tutti, si scusa e torna al maschile. Un numero perfezionato nel tempo. Ridono tutti. Senza voglia. Ma senza poterne fare a meno.

"Da quand'è che non facciamo più l'amore?" sta pensando Pierre mentre guarda il cielo colmo di stelle e rischiarato dalla luce lunare. Ha messo su un maglione perché comincia a far fresco sul serio. Questi ultimi mesi non sono stati certo facili per lui. Ha dovuto lavorare per due, occuparsi della casa, occuparsi di Diego facendo il possibile per riuscire a rispondere a ogni suo bisogno. Non ci fossero stati Giovanni e Pietro, sempre lì, sempre disponibili a dare una mano, a sostituirsi a lui permettendogli qualche volta di uscire e di smettere di pensare e di tirare il fiato, probabilmente non ce l'avrebbe fatta.

C'era stato anche il confronto con la madre di Diego che quattro mesi prima era arrivata da loro con l'idea di riportarsi Diego a casa. Pierre non ci aveva più visto dalla disperazione e dall'ira. Ma come cazzo si permette anche solo di pensarci? Era rimasto allibito, senza parole e, dopo un attimo di silenzio, l'aveva pregata di andarsene. Che cazzo avrebbe detto se la madre di suo marito le avesse chiesto la stessa cosa quando lui stava morendo?

Anche Claudia ha bevuto troppo, cammina storta e si tiene in disparte, si sente troppo triste per conversare, temendo di mettersi a piangere. Diego ha cercato più volte i suoi occhi, ma lei ha sempre distolto lo sguardo. Ricorda un po' il personaggio della puttana mesta del primo spettacolo in cui avevano recitato quando s'erano conosciuti.

Tutti mangiano e discorrono, è così incoraggiante vederli insieme. "Grazie" pensa Diego "grazie per essere tutti qui con me questa sera." È sfinito ma si sforza di non darlo a vedere. Li vuole lì, con sé, il più a lungo possibile. La sua famiglia. Sono venute a trovarlo, nel pomeriggio, sua madre e sua sorella ma con loro tutte le volte è uno strazio. Non sanno fingere, non sanno arginare le lacrime e lui sta troppo male, per se stesso e per loro.

Paolo, l'asociale, si è seduto accanto a lui, e gli parla con il solito piacere che accende i suoi occhi quando racconta e si racconta. Aveva quasi deciso di non venire. Tra gli amici di Diego è quello meno inserito nel gruppo, sempre ostinato a volersene stare per i fatti propri. Ci sono volte in cui scompare per mesi semplicemente perché non vuole né vedere né parlare con nessuno. All'inizio della loro amicizia Diego aveva detestato questo suo modo di essere. Poi con il passare degli anni aveva imparato a capire e ad accettare.

Pierre sembra stia sorvegliando che tutto proceda per il meglio. È solo una posa. I ricordi si rincorrono nella testa come cani in fuga dal mondo. Fanno male, ogni giorno di più. È esausto. Si sveglia al mattino ed è già stanco della notte trascorsa, e la sera è stanco del giorno appena passato. Si addormenta tutte le volte che si appoggia a qualcosa che lo possa sorreggere. Claudia gli si avvicina, gli si siede accanto. Si guardano muti e lei gli accarezza una mano. Non vede l'ora che la festa finisca, è estenuata e vuole tornare a casa e dormire, e sognare quando tutto sembrava normale. Il miracolo della morte incombente ha la capacità di rendere straordinari anche gli eventi più banali.

Anna e Lisa stanno chiacchierando con Pietro. Lisa è psicologa e almeno teoricamente dovrebbe essere quella che più facilmente ha imparato a fare i conti con la realtà. Anni fa lei e Diego hanno vissuto insieme in una casa minuscola alla Bovisa. La mattina si alzavano insieme e si divertivano come due perfetti idioti a scoreggiare e a inventare una rima per ogni nuova scoreggia, *la scoreggina rende profumata la mattina*, e giù a ridere, ridere fino a stare male, come se non ci fosse stato niente di più divertente da fare nella vita che scoreggiare e ridere, le lacrime agli occhi e i crampi allo stomaco, di corsa sotto la doccia per non fare tardi in ufficio e alle prove. *Mangiamo insieme stasera? Sì e poi andiamo al cinema, ti chiamo dopo, ciaooooo*.

È arrivato il momento della torta ed è già notte. Il cielo è chiaro, l'aria quasi ghiaccia. La musica si interrompe, si spengono le luci, le voci si uniscono in un lungo coro stonato, e Pietro emerge dalla cucina con la torta e trentacinque candeline rigide e fiammeggianti, trentacinque candeline che Diego non avrà mai la forza di spegnere. Allora le spegne Giorgio, eccitato dall'alcol e dal bisogno di soffocare il proprio strazio, quello stesso strazio che ha sempre cercato di spingere in fondo, in luoghi da non visitare. Finisce così, con tutti che se ne vanno dopo avere brindato ma a cosa non lo sanno nemmeno loro. Pierre saluta sulla porta, un accenno di desolazione negli occhi e una smorfia impallidita sulle labbra che tremano. *Ci sentiamo nei prossimi giorni. Grazie. Buona notte. Ti chiamo domani per sapere se ti serve una mano. Ok. Grazie. Ciao*.

È rimasto solo Giovanni, seduto accanto a Diego. *Sei stanco? Un po'. Adesso andiamo tutti a dormire. Sì. Grazie per questa bellissima serata. Grazie a te, e poi è tutto merito di Pierre, ha fatto tutto lui.* Vado, non voglio piangere, non deve vedermi piangere. Gli occhi di Diego sono invece già annegati nelle lacrime. *Ti voglio bene*, è giusto un bisbiglio. Giovanni fugge via, *passo domani*, abbraccia Pierre e parte.

Sono rimasti soli. Pierre si guarda intorno. Hanno cercato tutti di creare meno disordine possibile, non ci sono né piatti né bicchieri sporchi, tutto nella lavastoviglie che solo ora Pierre si accorge che qualcuno ha messo in funzione.

Dal divano Diego lo chiama. *Vieni qui vicino a me*, e

Pierre gli siede accanto, gli solleva la testa e l'appoggia al proprio petto. Diego gli stringe una mano e gli sorride. *Grazie per tutto quello che hai fatto.* Pierre gli sorride a sua volta e gli sussurra *stupido.* Poi ridono insieme. Diego gli accarezza teneramente il viso, un tocco quasi invisibile, per mancanza di forze e non di volontà. È molto fiacco e grazie alla stanchezza che ormai gli occupa tutte le ore di tutti i giorni ha imparato a non pensare perché è diventato troppo oneroso anche solo pensare. E così Diego si lascia andare alla debolezza e si lascia trasportare in un limbo dove la realtà non esiste già più, come se camminasse lungo una strada che si è allontanata di molto dalla vita, una strada che perde sempre più luce e che prosegue verso un punto lontano, completamente buio. La stanchezza è tale che gli impedisce perfino di girare lo sguardo.

È il momento di ricevere il regalo di Pierre. Le mani di Pierre che stringono le sue sono calde e grandi e infondono un senso di pace. Ne hanno parlato qualche sera fa. Pierre gli ha chiesto *vuoi qualcosa di particolare per il tuo compleanno?* Diego ha risposto di sì. E gli ha espresso il suo desiderio. Pierre ha pianto e ha urlato, sconvolto dalla richiesta di Diego. Gli ha gridato di non essere ridicolo, che non poteva chiedergli una cosa del genere. Poi Diego, con le poche forze che gli sono rimaste, ha cercato di spiegare, di spiegarsi, e alla fine Pierre ha ceduto. Ha detto *sì, sarà il mio regalo. Perché ti amo.*

Adesso che il momento è arrivato, vorrebbe non essere lì ma lontano anni luce dalla casa del dolore, quel dolore che ormai da troppo tempo è calato sulla sua vita, come un masso che lo schiaccia al fondo e non lo lascia respirare. Ma è lì e non ha altra scelta, se non quella di mantenere la promessa fatta. Diego lo guarda con occhi pieni d'amore e gli sussurra *adesso.*

Il giorno dopo avergli detto di sì, Pierre è corso da Giovanni, perché il tormento di quella richiesta era già di per sé intollerabile.

Diego ha chiesto la morte come regalo di compleanno, perché così non è più vivere.

E Giovanni ha detto *sì, fallo, perché se non lo fai tu lo farò io. È sufficiente aggiungere più morfina alla flebo.*

Pierre stringe Diego tra le sue braccia.

Le lacrime precipitano dagli occhi di entrambi, la mano di Diego stritola quella di Pierre, quasi si potesse concentrare tutta la vita in quel gesto finale.

Pierre sta pensando che la vera crudeltà della morte è l'istante troppo breve che toglie la vita per sempre. Perché?

Goccia, goccia, goccia, goccia.

Grazie vita di avermi regalato questo amore.

Grazie per avermi regalato i giorni, i mesi, gli anni che abbiamo passato insieme.

Le labbra di Pierre sfiorano quelle di Diego, che sussurrano, *grazie amore.* E ancora quello stringere continuo che non potrà mai dimenticare.

Regalargli la morte non è stata l'unica promessa fatta. *Giurami che continuerai a vivere, giurami che amerai ancora e non ti sciuperai nel ricordo di quello che non ci sarà più*, e lui aveva risposto di sì anche a questa seconda richiesta.

Goccia, goccia, goccia, goccia.

Goccia che corre nelle vene, che scivola su, su fino a raggiungere il cuore.

Il corpo ha uno spasimo. I nervi si tendono. Gli occhi si aprono per l'ultima volta, senza vedere più niente. Il cuore rallenta il battito, il penultimo respiro, l'ultimo, la testa che scivola a destra. *Avrò cura di tutto quello che mi hai dato.*

È mattino. La vita si è spenta. C'è un sole che brucia.

Mani

La musica mi sta sfasciando il cervello. Quel che mi sono sbattuto giù questa sera comincia a fare effetto, a salire lentamente ma in modo deciso fino a cancellare il resto. Sono appena tornato dal cesso dove ho tirato ketamina. Ho intravisto la mia faccia specchiata e quelle di chi mi stava intorno. Non va tanto male.

La musica mi sta diventando un vestito aderente. Vacillo ritornando in pista, inciampo tra visi ridenti, una massa umana che sorregge le mie oscillazioni, corpi di tutti i colori e di tutte le dimensioni, troppo sudati, immobili o già consegnati alla frenesia che, tra qualche ora, lascerà il posto a una stanchezza indescrivibile, impregnata degli odori della notte finita, ma che pare non troverà mai sollievo. Mi muovo sotto i comandi dei suoni, convinto di sottostare a un piacere circoscritto alla testa, una sorta di perdita parziale della coscienza che diventa meraviglioso automatismo. Il buio intermittente mi accompagna nel gioco che queste ore sembra abbiano inventato per me solo. Anche se in mezzo a centinaia di persone, questo viaggio è unicamente mio e di quei pochi che brevemente incroceranno la mia strada. Tra le mie gambe dorme il cazzo, non il desiderio. Gli scoppi di luce illuminano visi nuovi, ne cancellano altri. Vado in giro incapace di star fermo e mi sento orrendo, come se il mio centro vitale si fosse spostato improvvisamente a sinistra dove ha fissato il suo equilibrio ideale. È solo guardandomi intorno che mi accorgo che sono ancora nella media della normalità. Gran parte di quello che vedo è molto peggio. Mani che battono ritmiche, alcuni che ballano allacciati, gruppi mischiati e la musica si ficca nella testa dove s'agitano le sostanze e il cervello. Il rumore riveste ogni cosa e domani le immagini continueranno a saltare sulla retina. Con gli occhi chiusi mi lascio trasportare dalla cadenza traballante come quella di un treno fino a dimenticarmi chi sono perché sono dove sono. Sono la musica, sono stato creato per la musica e seguo con vaga attenzione le immagini di un film di cui sono l'unico spettatore. Quanto tempo è passato da quando sto qui e quanto ne resta ancora prima della ritirata e del meritato riposo?

Da un po' di tempo ormai c'è un corpo davanti al mio, un corpo che si scuote con saltelli regolari che si alternano a movimenti ripetuti delle anche, le braccia che disegnano brevi cerchi nell'aria, i jeans che custodiscono gambe magre, il busto nudo e gracile eppure ben disegnato (gli addominali, otto piccoli muscoli che paiono ossa sporgenti, la linea ferrea dei pettorali, i capezzoli minimi e scuri, il collo che gira intorno velocemente, quasi dovesse lanciare la testa il più lontano possibile). Osservo che c'è dell'altro: la mascella appena pronunciata, le labbra tagliate come lunghi diamanti, il naso perfetto e gli occhi grigioverde e uno sguardo sfrontato, uno sguardo sicuro e di fiducia in se stesso, certo di piacere. Mi sorride e io – gratificato e confuso – cerco scampo. Si è quasi appoggiato a me e io ho preso a muovermi con lui. Giro la testa verso il suo viso. Attorno è tutto opaco fino a quando un bagliore illumina il suo pallore e la mano si avvicina alla mia bocca, la forza appena – sostanza che si aggiunge a sostanza – e io lo lascio fare fino a quando le nostre labbra si scontrano, accarezzo il suo viso e sento la sua mano prendermi la nuca e lo sento spingermi dentro, in fondo alla sua bocca. I nostri cazzi addormentati si cercano e poi le sue mani risucchiano le mie in una spirale di galvanica intimità. Non me ne ero ancora accorto e ora le sento, il primo istante di conoscenza: esageratamente grandi se paragonate al resto e mi lascio andare a un abbraccio mentre il tempo si riduce fino a tacere.

Corriamo dentro la città, schiavi di un taxi, non so dove stiamo andando, non conosco ancora la tua voce. Sei concentrato, le mani serrate in grembo e io lì accanto a te, derubato, senza riuscire a guardar altro che le proporzioni che la vita ha deciso per te. Le dita sono nodose, troppo forti perfino per il tuo corpo forte nonostante l'esilità. Osservo il movimento impercettibile delle nocche e le gambe si muovono a tempo, il tempo che ci siamo lasciati alle spalle. Vorrei prenderti per mano e invece resto lì, debole nell'attesa di qualche cosa che non conosco ma che ha il presagio del lusso. Ci liberiamo del taxi e arriviamo sotto un palazzo e sei tu che ti impossessi delle mie dita. Come sempre succede, una prima scossa mi centra e mi fulmina. Incenerito me ne sto racchiuso nella tua mano, come se una membrana mi tutelasse da ogni altra contaminazione.

Salendo le scale, tu davanti a me, ti volti e sorridi. Non ci siamo ancora detti una parola, non conosco il tuo nome e arrivati alla porta sto per dire qualcosa ma tu freni le parole che si stanno liberando dal diaframma per salire in superficie. E mi baci. La tua lingua si fa spazio tra i miei denti, si allunga sulle sillabe, ricaccia indietro le vocali, le punisci, occupando lo spazio vitale, soffocandomi. Mi spingi con le mani contro la porta, e mi perquisisci con diligenza poliziesca. Mi viene da sorridere mentre la tua lingua è ancora nella mia bocca. Hai aperto la porta e siamo scivolati dentro, ansiosi come due ladri al loro primo furto o come due vecchi amanti che si stupiscono ancora del desiderio sopravvissuto. La casa, una sola grande stanza che sa di miseria e di chiuso, è appena appena illuminata da un neon arancione fuori dalla finestra, lodata scenografia di pulsioni mute che dà modo ai tuoi vasti occhi e al tuo pallore di brillare. Ora capisco meglio: c'è odore di moquette sporca e di cibo avariato, di umido, di ore confuse, d'una vita dove si dorme troppo o troppo poco, a qualunque ora, dove capita.

Hai un lavoro da compiere: porta via tutto di me. Le tue mani si muovono lente e penose. La musica picchia di nuovo nella testa come un bastone e si direbbe che anche la ketamina torni come un colpo di febbre. Ho la certezza che d'ora in avanti sarò portato a confondere il piacere con il dolore. Io sorrido mentre tu mi guardi, un po' serio e un po' ignaro, la fronte corrugata in attesa di una risposta che sia. Mi sfiori con un dito le labbra e io sollevo i denti e lascio che entri nella mia bocca. Due dita, tre dita e la mia gola è colma. Hai gettato la testa indietro e gli occhi ruotano nella musica che anche tu, come me, stai ascoltando. Ti scuoti, ti guardi in giro smarrito: *da dove cazzo arriva 'sta musica?* L'altra mano fruga fra le mie gambe, le dita camminano, giochi come un bambino con la sabbia cercando i punti più lievi su cui fare pressione.

Ti fai strada. Una volta varcata la soglia del dolore c'è solo il piacere e dopo la paura, finalmente, la pace della conquista. Mi fai girare, la fronte incuneata nel cuscino e il culo alto verso il cielo benedicente. Mentre le tue dita mi scavano, sento il mio spazio dilatarsi. La tua mano mi entra dentro e diventa padrona, un dittatore che mi piega al suo volere, che zittisce il mio lamento, un dio che non ascolta le mie preghiere di pentimento, mentre un odore conosciuto arriva da lontano, da uno dei tanti passati. La fragranza del sangue mischiato a quello della merda ha occupato la stanza.

Altra notte altre mani. Piove come sempre in questa città. È quasi mattina, le cinque, *vieni andiamo a casa, basta ballare, ho voglia di riposare accanto a te e di scopare*. Camminiamo per strada, ci teniamo per mano, soli sotto l'assillo della pioggia. *Ritorniamo a piedi, dai non fa freddo, non siamo lontani*. La città è deserta, la notte dorme ancora, annoiata e impenetrabile. E poi quella voce, che sbuca improvvisa da un angolo, una voce insolente accompagnata da altre voci, da risate fragorose, e non c'è più magia. Le nostre mani, ancora allacciate, prendono a tremare.

I knew you would come knocking one day
unannounced like a thief in the night
so tell me how do you do
finally I meet you.[1]

Si avvicinano sempre di più, ci accerchiano e ci sbattono a terra. Mani indesiderate, vili e violente. Ti cerco con

[1] *Finally* dei Kings of Tomorrow.

gli occhi, mentre vengo strattonato. Sei in ginocchio, la testa nascosta tra le spalle, il tonfo dei calci, ti ripari la testa con le mani, ti sollevano il viso tirandoti per i capelli. Non è descrivibile il rumore del pugno che, a una velocità e con una carica di violenza mostruose, si abbatte sul tuo viso. I lineamenti si mischiano: naso, bocca, occhi, si confondono e si perdono nel sangue e nel pallore. In un istante ha distrutto la tua bellezza.

Uno dei quattro – perché riesco ancora a contare e so che sono in quattro – mi solleva da terra, mi piega le braccia dietro la schiena. Forse hanno scelto te perché sei più bello e più giovane, sento le tue urla – un porco al macello – le sento solo io. Uno mi gira la faccia verso di te, mi costringe a guardarti, mi ha infilato una sciarpa in bocca e la tiene stretta dietro le mie spalle, impedendomi di muovere la testa e di parlare. Posso vedere lo sguardo terrorizzato dei miei occhi.

Time means nothing but time
I now have no fear of my fear
and no tears to cry.[1]

Sono affamati e si sono gettati sulla preda inerme gonfia di sangue. Che schizza sul tuo viso e fin sui capelli. Sei quasi nudo, gli abiti a brandelli. L'odore è nauseante ma le mani non sono pietose e puniscono a fondo l'amore. Le mie grida, compagne del dolore, dell'orrore, della rabbia, si arrestano tra la saliva sulla sciarpa. Uno ti trascina per la testa, con il suo cazzo infilato nella tua bocca. Non hai

[1] *Finally* dei Kings of Tomorrow.

più nemmeno la voce per gridare, solo un rantolo prolungato, come se ti avessero strappato la lingua. E poi, così come hanno cominciato, hanno smesso. Ora se ne corrono veloci, parzialmente sazi della loro avventura. È giorno, le prime luci, la mia voce che grida *aiuto, aiuto, aiuto*, e io che non so se lo sto chiedendo per te o per me stesso. Non ricordo molto altro. È successo tempo fa, un tempo così lontano nel ricordo, che rischia di essere dimenticato. C'eri solo tu, ora non c'è più nulla.

Prendi tutto di me. Non dimenticare niente. Steso sul tuo letto, la tua mano ficcata dentro, posseduto come il cristo in croce, a pagare i peccati e i desideri del mondo. Questo corpo che ha dato asilo a migliaia di viaggiatori, adesso è tuo. Tutto il resto è stato portato via un sacco di tempo fa.

A letto con Gabri

di Andrea Demarchi

Andrea Demarchi

Nato nel 1964 a Chivasso, Demarchi ha cominciato presto a scrivere e a pubblicare. Nell'88 ha fatto uscire il suo primo racconto nella raccolta Under 25 *e nel 1995* Sandrino e il canto celestiale di Robert Plant *(prima con Transeuropa e poi con gli Oscar Mondadori). L'anno dopo Theoria pubblica* Il ritorno dei granchi giganti *e solo l'anno scorso* I fuochi di San Giovanni *(Rizzoli). Prolifico ma non dedito allo sperpero. Pesa le parole, Andrea Demarchi. Valuta le frasi, le mette in comunicazione reciproca con lo scrupolo di chi sa che non si può scrivere tutto, che tutto va riscritto. Insegna lettere e forse è quello che lo fa così attento alle forme ma anche così vicino alla fragilità della gioventù. Gli chiedo chi legga e cosa. Il primo nome che torna (e questo è davvero un dato di generazione di cui dobbiamo tener costantemente conto leggendo la maggior parte degli autori di questa antologia) è Tondelli. Arriva anche Carver che evidentemente ha fulminato molti, moltissimi con le sue stanze abitate da gente di tutti i giorni, dalle miserie condivise o condivisibili, da quella enorme pietà in cui non si sprofonda ma si galleggia. Arrivano anche Alberto Arbasino di* Fratelli d'Italia *e Conrad di* Tifone *e* Linea d'ombra. *«Mi interessano i riti di passaggio» dice brevemente Demarchi e mi fa capire molto della sua ispirazione. Quell'andare dalla gioventù all'età adulta, quel rincorrere voci e musiche, quel tentare di fermare i momenti importanti della giornata, i momenti che poi verranno evocati nel Futuro quando ci si ricorderà d'essere stati di un'altra età, di un altro gusto, di un'altra specie. Il racconto che mi consegna ha l'eco di Scott Fitzgerald in* Tenera è la notte *e gli americani di quella generazione sembrano a lui dolcemente prossimi. Un tempo s'è occupato di teatro come attore. È a questo che si deve forse la forte capacità che ha di utilizzare i dialoghi? Quel conversare molle e duro che riesce a tessere come facciamo tutti, tutti i giorni, ma che pochi, pochissimi sanno riprodurre?*

A letto con Gabri

Una domenica lucente vestita d'aria marzolina, chiusa ogni imposta, disteso con Gabri sul mio letto, rabbrividisco di piacere. Lisci delfini in boxer tinta unita, lenti guadiamo questa enorme pace. Le teste pigre d'entrambi affondano nei guanciali vaporosi, e lui, mentre col braccio avvolge le mie spalle bianche, nella penombra guarda rilassato, ride, vuole aggiustarmi i capelli con la mano, ricircola un ciuffetto.

La sera scorsa, nel buio d'un cine sotto casa – programmavano, i militanti gestori, una rassegna a tematiche gay – durante la proiezione di *Urla dal sottosuolo* Gabri m'ha confessato che aveva nel cassettone un paio di boxer identici a quelli del gay viennese protagonista del film.

«Che notizia!» gli ho detto. «Ma sul serio!»

«Certo» ha annuito. «Uguali identici. A righine tali e quali.» Pareva felice come gli stessero conferendo un premio.

Dal vecchio Marantz delle medie esce la voce di Mark Eitzel che a piccole dosi ci giustizia. Mark Eitzel canta *Mission Rock Resort,* onirico contrappunto alla perfezione della luce, e io carezzo il dorso della mano di Gabri e gli domando del film – una storia d'amore e morte fra ebrei omosessuali ambientata in un campo di prigionia durante il nazismo: «Vorrei conoscere il tuo punto di vista» gli dico. «Quello che te ne parve.»

Come sempre, il riscaldamento, in casa, è a mille. Sudi anche se stai fermo, e Gabri massaggia una tempia, dice «Madonna che caldo!», accavalla le gambe quasi sfogliasse un giornale in spiaggia. «Se prometti che non farai scenate» dice, «possiamo parlarne.»

«Scenate?»

«Sì. Scenate.»

«Non capisco.»

«Ah, non capisci...»

«Sì. È così.»

«Avrei voglia di picchiarti, sai?»

«Perché?» domando mite.

«Avrei voglia di picchiare la puttana che sei.»

Sospiro e abbasso lo sguardo sulle unghie. Siamo partiti col piede sbagliato e la colpa potrebbe essere mia: «L'hai con me per quel bacio?».

«L'ho con te per il bacio e per tutto! Detesto essere baciato a tradimento!»

«L'hai con me per quel piccolo bacio!» dico.

«Esattamente!» sibila Gabri, ritraendo il braccio. «Dovresti avere la decenza di non approfittare di me mentre riposo sotto il tuo stesso letto!»

«Io, approfittarmi di te... *Sotto* il mio letto? Sei pazzo! Sotto il mio tetto...»

«... No! Non sono pazzo affatto! Se c'è un pazzo, disteso in questo letto nella savana, ascolta questa voce, non sono io!»

«Ehi, va bene, ho caldo anch'io, perché t'arrabbi...»

«... Il caldo non c'entra!» dice. «Non è il caldo!»

«Cosa, allora?»

«Tutte le volte che discuto di un film con te» irrompe giù per la valle «mi vengono i sudori freddi!»

«Non capisco, io...»

«... Perché i film che a me piacciono vuoi *demolirli*!» quasi grida. «L'ultima volta che abbiamo discusso di un film non ci siamo più parlati per giorni, l'hai scordato?»

«Quanto esageri.»

«Esagero un corno!»

«Va be', dai, calmiamoci...»

«... comunque non era un brutto film» ammette alla fine. Fa un bel respiro, e l'aggrottamento che gli devastava la fronte subito s'attenua, ingentilisce. «La storia era ben costruita, e il significato m'è parso chiarissimo. La metafora dei campi di concentramento, tutto l'orrore del Passato che come in uno specchio torna indietro a ridirci l'orrore del Presente... Era questo il vero tema del film, ho ragione?»

«Era una storia d'amore d'oggi» gli dico. «Come, per lo più, se ne raccontano oggi.»

«Sì. Una storia d'amore tesa. Triste, se vogliamo, terribile, anche, ma pure molto tesa.»

«Già.»

«È così» annuisce.

«Mi sta venendo un crampo alla spalla» sospiro. «Certo che qui dentro fa caldo come in Tasmania!...»

«La Tasmania!» sospira Gabri, in un soffio. «Avevo uno zio alla lontana che faceva l'allevatore di bestiame in Tasmania. Un cugino di mamma. Zio Carlo. Ora è morto, purtroppo.»

«Caspita. Avrà vissuto una vita avventurosa.»

«Era molto ricco. Mamma dice che l'alone dei soldi, la casa in stile georgiano, le nozioni antiquate sul potere e l'importanza maschile ben si attagliavano alla fragranza del suo costoso dopobarba.» Le labbra di Gabri s'incurvano in un sorriso, pensando a quanto deve scioccarmi, in fondo, la sua nudità.

Con tutto che non è nudo affatto. Abbiamo i nostri boxer. Al limite siamo appena un po' discinti, sissignore, ma è per via del gran caldo. «Ti senti scioccato» dico per scherzo, «qui in questo letto con me?»

«No» mente. «Perché mai?»

«Prima ridevi.»

«Oh, non è niente. Stavo pensando che forse potevi sentirti scioccato per via della mia nudità.» Ride.

«Ma tu non sei nudo. Sei in boxer.»

«Va be'» dice. «Seminudo.»

«Non sei la prima persona seminuda che frequento, sai?»

«M'immagino. Però a nessun altro avrai detto che lo trovavi diabolicamente attraente.»

«Ho detto questo?»

«Un paio di mesi fa. Sì.»

«Lo dico spesso, in effetti. È una cosa che mette gli interlocutori in una specie di stato di grazia, li fa sentire a proprio agio.»

«Già. Avrei dovuto capirlo... Comunque, questo mio zio Carlo girava sempre con l'autista, pensati.»

«Ma torniamo a noi» gli dico. «Dev'essere meraviglioso comprendere il carattere di una persona ai primi incontri, senza doversi preoccupare di conoscerla meglio.»

«Temo di non esserne capace» dice Gabri. «Prendi te, per esempio. Ci siamo frequentati da una vita, ma come amici, non come amanti. E come amanti cambia tutto. A livello di rapporti, ricominci proprio daccapo: se fossi stato così sciocco da basarmi sulle prime impressioni, ti avrei giudicato arrogante, maleducato, propenso a saltare alle conclusioni sbagliate. Mentre sapendo aspettare, vedi?, ho risolto ogni dubbio: alla fine ti sei rivelato gentile, longanimo e con un cuore tenero come quello d'un cucciolino.»

«Il cuore d'un cucciolino. Ma sei sicuro?»

Gabri imporpora, nasconde il viso sotto il cuscino e per un po' resta a guardarmi con questo occhio solo. «Non volevo essere zuccheroso» fa.

«Non è nulla» gli dico. «Non imbarazzarti. Capita a tutti di dire delle sciocchezze.»

«Già.»

«Piuttosto, credo dovremmo goderci la cena e fare una chiacchierata per proseguire a conoscerci meglio, prima di discutere di cose più importanti.»

«Certo» dice Gabri. «Muoio di fame e non potrei apprezzare il cibo, se litigassimo.»

«Bene, almeno sei sincero.»

«Sincerissimo.»

«E a me son sempre piaciuti gli uomini che amano mangiare. Perciò dimmi, mio piccolo, affamato dio del sesso, cosa ti andrebbe di mangiare?»

«Dio del sesso?» risponde Gabri, corrugandosi come all'inizio.

«Se non vuoi essere considerato un dio del sesso, non dovresti sdraiarti in pose sensuali sui letti» l'avverto con una finta voce aspra, guardandolo da sotto le palpebre semiabbassate. «Né dovresti indossare dei boxer che evidenziano le tue notevoli attrattive fisiche.»

Gabri scoppia a ridere. C'è qualcosa, nel modo carezzevole e ardente con cui mi guarda, che mi provoca un formicolio d'eccitazione in tutto il corpo.

«Prenderò degli spiedini di pesce con riso e insalata» taglia corto. «E magari una mousse di cioccolata e poi un caffè, se non ti spiace.»

«Tutto quello che vuoi» gli dico. Scrollo le spalle. «Io credo che prenderò l'aragosta. A te piace lo champagne, vero?»

«Sì» ride Gabri, e strizza l'occhio. «Lo gradisco» dice.

«Benissimo. E allora ci faremo servire dello champagne!»

«Non sarà tutto un po' troppo lascivo? Lo champagne, l'aragosta, gli spiedini di pesce...»

«Forse sì, ma, come dicono, si vive una volta sola...»

«È vero» ammette. «Non ci avevo pensato... Scusami. Sono uno sciocco.»

«Non sei sciocco. Sei solo enormemente timido.»

«Timido io?»

«Ahà.»

«Ma io non mi sento timido affatto!»

«Però lo sei» gli dico. «Ogni volta che sorridi, il modo che hai di corrugarti per un nonnulla... Sei timido, ma questo non è affatto un difetto. Anzi.»

«Tu, piuttosto» m'interrompe. «Dicono in giro che sei un tipino alquanto esigente.» Adesso, qualche piccola goccia di sudore gli imperla il viso.

«Stai a sentire le chiacchiere che circolano sul mio conto?»

«Puoi scommetterci.»

«E pensi che sono una puttana.»

«È quel che ho detto.»

Mi fingo offeso, incapace di reagire per lo shock, il dispiacere che provo. Taccio come provassi un nodo alla gola, come sentissi le lacrime salirmi agli occhi: «Dovrei afferrarti per un braccio e sospingerti fuori a forza!... Sei ingiusto, Gabri! Io...». Non dico altro, non aggiungo altro. Guardo la faccia allegra di lui e proseguo a stuzzicarlo: «Tu non sai niente, di me! Chi sei, per crederti in diritto di giudicarmi?».

«Oh, non sono nessuno!» risponde con furia recitata. «Proprio nessuno, lo so! Un perfetto estraneo che se ne andrà per sempre fra pochi mesi, fra un anno! Così, non ho nessun diritto di occuparmi di quel che fai, di rimanere sconvolto per le voci che girano sul tuo conto!...»

Soffoco un singhiozzo e cerco, con le mani, un lenzuolo che non trovo. Ho sempre creduto che il fascino sia qualcosa di evasivo e superficiale. D'inafferrabile. Ma devo ammettere che il magnetismo (sic!) di Gabri è qualcosa di forte e stabile come una roccia. «Continua a parlarmi di quel film» gli dico. «Va' avanti.»

«In fin dei conti» sospira «un artista ha il sacrosanto diritto d'ambientarla dove gli pare, la sua storia d'amore. Anche in un campo di concentramento, o su un altro pianeta, se gli piace. Quel che conta è se la storia funziona e se è credibile o no. Se, in definitiva, quando esci dal cinema hai visto un bel film e a te è rimasto qualcosa.»

«Ma è proprio questo, il punto! Le storie che semplicemente *funzionano*, Gabri, o le narcisate malintese sulla libertà d'espressione: sono dei falsi problemi! E a parte il fatto che secondo me l'unico posto possibile per ambientare una storia non sensazionalistica può essere solo qui, sulla Terra, fra la gente, nei luoghi dove ci si incontra e frequenta, si prende un caffè e ci si parla e ci si conosce e dialoga – questo modo di raccontare sempre e solo le cose più pazzesche, i romanzi e i film con le diciassettenni incinte e in coma che aspettano un figlio autistico dai padri alcolizzati a me fan schifo e preoccupano! Ma dove siamo? Sempre al di là di tutto il peggio possibile e immaginabile? Sempre più oltre nel pozzo nero? Con le storie d'amore raccontate in soggettiva dal culo parlante dell'uomo senza più le braccia, senza collo, senza mani!... quando qui, sulla cara Terra, abbiamo tante di quelle cose difficili e *oneste* da *conoscere* e raccontare... Se penso che per tanti giovani intellettuali d'oggi che scrivono libri, girano film, prendono la parola sui giornali, in tv, l'estremismo è il giulebbe del nuovo millennio, be' io vorrei andare di persona a casa di costoro e non dico che alzerei le mani o li scoreggerei a morte – non dico questo! – ma andarli a disturbare, sì. È un mio dovere. Farei dei corni, degli sberleffi, a casa loro, di persona, o anche solo al citofono, credi!...»

Gabri si volta a guardarmi, scosta la testa dal cuscino. «Sei malato» dice.

Benché si trovi a un palmo da me, la sua voce sembra provenire da una grande distanza. Allora mi avvicino e gli sfioro un fianco con le dita, gli prendo la mano e la stringo forte. Poi, cercando nella voce un tono più pacato, dico: «Voglio raccontarti una cosa che non so quanto c'entri, ma che forse potrà aiutare a chiarirci le idee».

«Spara.»

«Un cinque mesi fa, poco prima che decidessimo di prendere in coabitazione questo appartamento, c'è stato un periodo in cui andavo a far visita a un mio ex compagno dei tempi dell'università.»

«Chi dici? Il pazzo che faceva le impennate in motorino davanti alla caserma dei carabinieri?»

«Non *quello*. Un altro. Si chiama Ruggero, non lo conosci. È un ragazzo originario di Ivrea, ma fin dai tempi dell'università ha sempre abitato da solo, qui a Torino, in un monolocale ammobiliato dietro la Gran Madre. Aveva avuto un brutto incidente in moto ed era rimasto costretto in casa con la spalla destra lussata. La dinamica dell'incidente, fra l'altro, era una cosa comica, ché pure questo Ruggero fa parte della famiglia delle cinciallegre e il suo ideale maschile, quel che gli fa salire l'adrenalina e tutto il resto, è il genere autotrasportatore. Hai presente, no? Taglio massiccio, petto villoso, canottiera, barba... Va be', ognuno ha i suoi gusti, ma quella di Ruggero è una vera e propria mania, tant'è che quando è per strada e gli capita d'incrociare uno di questi autotrasportatori a bordo dei loro bolidi superaccessoriati, non riesce proprio a evitare di dare una sbirciata per poi dedicarsi agl'insani commenti del caso e dare sfogo alle sue fantasie, diciamo così, erotiche... Ti annoio?»

«Per niente. Va' avanti.»

«A farla breve, un giorno questo ex compagno d'università viaggiava in moto sulla tangenziale per Avigliana diretto a San Michele, e a un bel momento incrocia un autosnodato che proveniva dalla direzione opposta e subito, nel tentare la solita guardatina ridente e fuggitiva all'abitacolo del mastodonte, non ti si distrae e sbanda come il coglione perfetto, e finisce senza un grido contro il guardrail? Però non muore, Gesù lo salva, e lui se la cava con una forte lussazione alla spalla destra. Tuttavia, poiché l'incidente lo costringerà in casa per diversi giorni, un pomeriggio vado a trovarlo. Lo vedo giù di corda, e non penso sia solo per la seccatura alla spalla. Sta attraversando, mi dice, un periodo nero, ha litigato di brutto con la madre e la sorella, e in quel momento difficile non c'è nessuno disposto a dargli una mano, un aiuto vero, aiutarlo.

«Senza farla lunga mi sembra naturale, per quel che posso, mettermi a disposizione e rendermi utile. Così, nei giorni successivi, quando ho un attimo di tempo passo a trovarlo. Gli porto dei libri, dei wafer, e già che ci sono sbrigo qualche piccola commissione: vado a fargli la spesa, vado all'ufficio postale, vado in tintoria, lavo i piatti rimasti nell'acquaio dalla sera prima.

«Ruggero pare contento, non la smette di ringraziarmi e

s'imbarazza, a tratti si *commuove*, perfino, e a me sembra che il buonumore sia tornato a fargli visita, giacché non lo sento più perdersi in certi lugubri discorsi sulla morte, l'estrema caducità di tutte le cose, i disfattismi, le sfighe...»

«Eri una specie di benefattore...»

«Ma no, figurati!, lo facevo per amicizia, perché Ruggero era solo e non aveva nessuno a cui appoggiarsi. Questo, almeno, era quel che credevo. Un pomeriggio, arrivo a casa sua con un pacchetto di chantilly freschi di pasticceria, suono il campanello, e invece del solito matto con la spalla fasciata viene ad aprirmi una specie di carrista in borghese – uno sui quaranta, tarchiato, la barba non rasata e i capelli, per contro, pettinatissimi all'indietro, incollati alla nuca tramite un uso furioso e comunque non più visto dai tardi "fifties", di Linetti.

«Ebbene, fu uno strano pomeriggio, ché Ruggero pareva a disagio e aveva un modo di fare che potrei definire con una sola parola: befanico, ostile. Ironizzava, faceva le battutine sul conto del sottoscritto, mi si rivolgeva dandomi apertamente della ragazza, coi participi e gli aggettivi tutti voltati al femminile. Scheccava, 'sto stupido, alla grandissima. Scheccava d'imbarazzo, è chiaro, e intanto il camionista in borghese s'era barricato in cucina e ci dava sotto, in modo compulsivo e urlatissimo, con le faccende domestiche: sciacquava i piatti, passava lo strofinaccio, frullava le verdure nel Mulinex!...

«Ben presto – con tutti quei lavori domestici fatti mica perché ce ne fosse davvero bisogno, ma per simbolizzare qualcosa, sottolineare un mistero – mi rendo conto d'essere stato attirato a tradimento in una *pièce à la Cocteau* sul male di vivere. Così, trascorsi venti minuti al cospetto dei due veteroesistenzialisti, costernato, non sapendo cos'altro dire o fare, levo il disturbo.

«Lascio passare un giorno senza farmi vivo, e il successivo prendo il telefono e chiamo Ruggero per avere notizie. Purtroppo, l'impressione di befanismo e ostilità vien confermata sin dall'esordio. Ma ormai sono in ballo, che devo fare? Posso mica attaccargli il telefono! Allora provo a buttarla sul ridere, e fra battutine e smorfie mie sempre più perplesse, gli chiedo se ha bisogno di niente, se devo andare a trovarlo o meno. E Ruggero, all'altro capo del filo, con 'sta voce sottile che appena tradiva l'imbarazzo: "Forse è meglio se non passi" dice. "Il mio ragazzo non ha piacere che mi stai così addosso. È tanto geloso, vedessi! gli dai un fastidio!..."»

«E tu» domanda Gabri «che gli hai risposto?»

«Cosa dovevo rispondergli? Sono stato preso talmente alla sprovvista che non ho saputo farfugliare altro se non due parole strozzate di congedo e ho messo giù.»

«D'accordo, questo era l'atteggiamento di un idiota che andava come minimo sbeffeggiato, ma mi spieghi cosa c'entra col nostro discorso? Stavamo parlando di cinema, se non sbaglio.»

«Infatti! Ed è proprio qui, il punto! Quando certi atteggiamenti, che tu giustamente dici sarebbero solo da sbeffeggiare, cominciano ad assumere una loro sistematicità, ad acquisire una risonanza più diffusa e subito puntualmente registrata e amplificata dalle rappresentazioni del narrare per immagini, per slogan, allora ci avviciniamo a qualcosa che suona già un po' diverso. All'inizio è solo un atteggiamento, e poi, pian piano, diventa un modo di porre le cose, forgiare le personalità, un "impianto", un "sistema", e in questo modo il cattivo pensare che tutti ci sommergerà è già posto: un istante più tardi, siam già lì che marciamo con le nostre armature, sempre più blindati e corazzati a protezione del nostro unico bene come fosse proprio un bene immobiliare, capisci?, da difendere coi servizi di guardia, i cani poliziotto, le sirene d'allarme...»

«Adesso viene fuori che se in giro ci sono delle teste di cazzo la colpa è del cinema?»

«Non *direttamente*, certo. Ma comunque io dico solo: stiamo attenti, che ragionando in un certo modo si rischia di ritrovarsi all'improvviso in un sonno profondissimo.» Mi sporgo in avanti e gli afferro la mano. «Fondamentalmente» dico «io, Gabri, non l'ho con nessuno. Non è una posa, è la verità. Io, non l'ho con *nessuno*. Quel che mi interessa, ciò a cui mi sto applicando da un po' con l'aiuto di alcuni compagni di viaggio, è di riuscire a pensare le cose in modo diverso, senza ricorsi alla psicologia e ai teatrini del sé, via il più lontano possibile dal nichilismo e da tutto ciò che sottrae al mondo la possibilità di mostrarsi in modo autentico. Non saprei come dirlo meglio, ma è ciò di cui discuto con certi amici scrittori ed è anche, seppure più indirizzato verso la lettura, un discorso che porto avanti a scuola. Coi ragazzi migliori. Cerchiamo, pensando insieme, di discutere sul linguaggio, il narrare e la scrittura, interrogandoci su quali possano essere, oggi, le destinazioni e la responsabilità d'un narratore.

«Sono questioni concretissime, che ci riguardano tutti da vicino. E quando coi miei amici scrittori parlo di certe cose, be', dammi pure del pazzo, ma io sono felice, poiché sento che stiamo facendo qualcosa che ha un senso e una sua ragion d'essere, qualcosa per cui vale la pena battersi, magari proprio nello sforzo di pensare insieme.»

«Siete una specie di setta» commenta, scettico, Gabri. «Un volenteroso circolo d'intellettuali dilettanti.»

«Non lo so *esattamente* cosa siamo» gli dico e, per un po' lo guardo dritto negli occhi e poi rido: «In ogni caso, amico mio, ti scongiuro di evitare a tutti i costi i pasticcini fatti in casa dalla cara Stefania. Non è colpa sua, povera, ma dev'esserci qualcosa di tremendamente sbagliato nell'impasto. O forse dipende da quel maledetto lievito radioattivo...»

Finalmente, Gabri accenna una specie di sorriso, e un istante più tardi, come seguisse il filo di un suo pensiero chiede:

«Ma tu cosa pensi, sinceramente, di noi?»

«Verità verità?»

Gabri annuisce.

«Be', spero solo che non ci *arrestino*, caro.» Mi volto a guardarlo e, fatalmente, m'imbatto nel suo nobile braccio puntato a metà cuscino. Rispondendo a non so quale dettato della follia, mi viene voglia di morderglielo e non esito a farlo. Così. Come una prova d'amicizia. Come una testimonianza d'affetto.

Playback

di Andrea Rossetti

Andrea Rossetti

*Quando parla del suo romanzo (*Autobiografia di Lara, *Frassinelli), potrebbe vincere l'Oscar della modestia: «In fin dei conti il mio libro ha venduto bene grazie alla bella copertina». Lo dice con semplicità ed è impossibile non spalancare gli occhi stupefatti: in un mondo di narcisi e di deliranti onnipotenti, guarda un po' uno che ti viene a raccontare che alla fine il merito è del grafico e non il suo. A trentacinque anni, milanese, Rossetti mantiene una bell'aria da scugnizzo, gli occhi troppo fondi, i capelli troppo neri, le orecchie troppo grandi. Cose che te lo rendono familiare e simpatico. Ama Arbasino e scrittori eclettici come Joe Ackerley, Firbank, Compton Burnett, Purdy. «Passo la vita a leggere» ti dice. Aggiunge subito che ha molto amato Tondelli «ma adesso l'ho digerito». Laureato in storia dell'arte con una tesi sulla pittura tra il Cinquecento e il Settecento confessa che di quel periodo ama anche molto la letteratura: Casanova, Defoe, Fielding, Richardson. «Attualmente sono piuttosto quieto, ma in passato sono stato molto mondano. Viaggio, vado in tutti i locali possibili e immaginabili. Mi piacciono soprattutto i locali gay anni Ottanta, quelli dove si passa un sacco di tempo a chiacchierare.» Senza esitazione dice che il posto al mondo che ama di più è Laguna Beach dove Chri-*

stopher Isherwood ha passato buona parte della sua vita. «Lì ti accorgi che c'è una comunità gay vera e propria, ragazzi di vent'anni che si confondono con uomini di settanta. È un mondo che ha già una storia. Io purtroppo ci sono arrivato quando Don Bacardy, il compagno di Isherwood, era morto da sei mesi. Peccato, l'avrei conosciuto volentieri.» A lasciarlo parlare Andrea Rossetti non smetterebbe più. È tempo di leggerlo.

Playback

(sinfonia in fa maggiore per Vladimir Horowitz, Raffaella Carrà, Laura Ashley e Dior... con Keanu Reeves, Richard Gere, Schwarzenegger e l'immancabile Madonna)

PRIMO MOVIMENTO

Allegro molto e con brio, pizzicato...

La prima cosa che mi aveva detto Marco, quando mi ero avvicinato dopo avergli ballato per una buona mezz'ora accanto, e avergli sorriso a lungo, e avergli strillato in un orecchio che mi sarebbe piaciuto (ah, come mi sarebbe piaciuto!) offrirgli qualcosa da bere, chiacchierare, e poi chissà... era stata: «Guarda che sono fidanzato!». Lì per lì l'avevo trovata una cosa un po' buffa. Avevo pensato: "Vedi un po' queste Cenerentole, te le trovi nei posti più impensabili e sotto le spoglie dei ragazzi più carini". Perché in effetti, Marco, con quel pizzetto che sbandierava allegramente la sua candida virilità di ragazzo della porta accanto, in cima a quella felpa da rugby, era davvero superlativamente carino. L'avevo notato subito quando, appena entrato in discoteca, mi ero messo in fila al guardaroba. L'avevo visto lasciare il giubbotto e porgere la *drink card* al ragazzo al banco, e avevo continuato a *notarlo* mentre infilava in tasca il talloncino, e poi mentre si avviava verso la pista. Lo avevo guardato ballare solo e pacifico in un angolino che era riuscito a conquistarsi, avevo guardato la sua testa che appariva e scompariva dietro la schiena canottierata di una sorta di culturista che gli si era appostato davanti... Naturalmente, appena il ragazzo del guardaroba aveva acciuffato il mio giubbotto avevo provato il desiderio irresistibile di ballare e con passo deciso mi ero infilato nella pista. E avevo iniziato a muovermi a mia volta. E gli avevo sorriso quando *per caso* incontravo il suo sguardo. E gli avevo fatto segni di approvazione quando *per caso* mi sorrideva anche lui. E sempre *per caso* mi ero avvicinato e gli avevo chiesto se gli andava di bere qualcosa insieme.

Di fronte alla sua risposta, con la mia solita faccia tosta, al posto di dirgli *peccato!*, avevo avvicinato le labbra al suo orecchio e avevo detto: «Mi piace chiacchierare anche con i ragazzi fidanzati!». E avevo aggiunto che offrivo da bere anche agli etero, fidanzati o single che fossero. Un sorriso era apparso sul suo pizzetto, aveva smesso di muoversi, con aria incredula aveva strillato: «Sei Florence Nightingale allora!».

Avrei dovuto sprofondare sotto terra, lo so. Uscire dal locale, chiudermi in casa, e non uscire mai più. Ma trovavo quel pizzetto su quella felpa un po' slabbrata, quello spazio di mondo delimitato da quegli occhi (verdi? castani? azzurri?) come l'unica meta cui potessi esser diretto: l'isola deserta di un arcipelago immaginario dove avrei piantato il mio ombrellone e aperto la mia sdraio per rileggere finalmente almeno due volte di seguito la *Recherche*. (Ascoltando una dietro l'altra le dieci sinfonie di Mahler? Con lui accanto, nudo, su una sdraio simile alla mia?) Così avevo incassato, e mentre una pioggerellina di flash introduceva una vecchia canzone di Annie Lennox, mi ero avviato verso il bar, sperando che il mio gesto avesse una qualsiasi risposta, desse il via a tutta una serie di avvenimenti... Ma insomma, aveva visto come ero in forma quella sera con quell'aria rilassata, l'abbronzatura e una settimana in cui non avevo disertato un giorno la palestra?

Mi ero fatto strada tra le incarnazioni di Madonna e quelle di Schwarzenegger che ci ballavano attorno muovendosi troppo o troppo poco, mentre le urla della signora degli Eurythmics producevano sculettate vertiginose anche nei ragazzi più insospettabili. Le luci si erano spente preparando l'esplosione del refrain. Per la prima volta in quella sera avevo sentito lontana, irraggiungibile la mia isoletta immaginaria. Mi stava seguendo o avevo scelto il momento peggiore per abbordarlo? A pochi metri dal perimetro della pista, mentre scoprivo improvvisamente il fascino di quel pezzo che non avevo mai amato e mi chiedevo se era il caso di tornare sui miei passi, ballargli ancora accanto e inventare qualcos'altro da dirgli, *per caso* avevo gettato lo sguardo sulla parete a specchi che rifletteva la pista e avevo scoperto (con un tuffo al cuore e un'implosione euforica dell'orgoglio) che mi stava, mi stava, mi stava se-guen-do!

Mi ero girato con la sicurezza strafottente di chi è sicuro di trovarlo. Lo avevo guardato diretto con gli occhi più verdi che abbia mai avuto. Gli avevo detto il mio nome... Avevo così scoperto che si chiamava Marco, il nome di ben quattro dei miei ex fidanzati, il nome che mi ero promesso di non rifrequentare, il nome che rappresentava un buon motivo per defilarmi balbettando «Scusa, ora devo proprio andare, ma è stato un piacere, un piacerissimo...». (Ve lo immaginate partire per quella vacanza da sempre sognata con uno qualsiasi dei vostri Marco che non fanno che ricordarsi di quella volta che vi siete dimenticati il loro compleanno o l'anniversario o la cena dalla Titti, dal Dodo, o dalla Lalla, e per giunta a causa di un *rendez-vous* a lume di candela con il loro migliore amico?) Ma di fronte a quel pizzetto, a quello sguardo così pieno di promesse, a quella calma primordiale vellicata da un contorno di ondicine, un'altra volta in quella sera, cercando di non darlo a vedere, avevo ingoiato il rospo. Sicuro comunque, che di lì a poco, lo stesso si sarebbe trasformato in un principe azzurro, con mantello, calzamaglia turchese e ogni altro accessorio.

Nella pista era esplosa una raffica di techno, e la povera Diva con il suo lento tutto impolverato era stata spazzata via. Una convulsione di flash mixato a un laser impazzito facevano emergere dalla massa brani di movimento, espressioni, braccia, canottiere, muscoli, bloccati e subito scomparsi. Avevo chiesto a Marco cosa beveva. Mi aveva appoggiato una mano su una spalla, aveva detto: «Cubalibre, ma non con il Bacardi». Dio come l'aveva detto! Come se ci stesse nuotando in quella frase, con ampie bracciate, a filo d'acqua. Mi ero girato di scatto, avevo strusciato il mento sulla sua mano. Avevo elencato i miei rum preferiti, «Avana, Barbacourt, Giamaica...» e avevo sentito la sua voce fare eco alla prima proposta. Anch'io preferisco al sapore pungente del Bacardi quello rotondo dell'Avana. Glielo avevo detto con la voce di Humphrey Bogart in qualche vecchio film. Questa volta lui aveva scoppiettato: «Uhao... ma allora abbiamo un sacco di cose in comune!!!».

Non c'era niente da fare. La preda non mostrava minimamente di voler abboccare. Non mi era mai successo... Mi sentivo come il Casanova di Schnitzler, ricco del suo splendido passato ma ormai fuori gioco... una stellina d'avanspettacolo ridotta alla parodia di se stessa... una Cenerentola che si ritrovi improvvisamente con il grembiule e la vestina di Laura Ashley dopo aver indossato per tutto il ballo un modello esclusivo di Dior... Ma era bello Marco, con quegli occhi che ti scrutavano increduli, con quella sicurezza antica nei gesti, con quella felpa un po' troppo grande – portata con un'eleganza da far tremare i polsi – sotto cui si intuivano dei pettorali ben disegnati, naturali, non palestrati... Così avevo lasciato cadere la frase, avevo acciuffato il suo Cubalibre e il mio Negroni e mi ero girato, pensando per niente scoraggiato: *Eccoci a noi!*

Con i bicchieri in mano ci eravamo allontanati dal banco, diretti verso una zona più tranquilla della discoteca. Ero appena tornato da New York, città che *nell'ambiente* riscuote da sempre successi senza paragoni, così avevo iniziato a parlare dei nuovi locali in cui ero stato. Naturalmente non perdevo l'occasione di chiosare le descrizioni con tutto un corollario di aneddoti sui ragazzi famosi che avevo conosciuto, con cui ero uscito, con cui avevo *dormito*... E continuando ad abusare di questo strano verbo così allusivo e falsamente discreto, producendomi in un'improvvisazione di scale tutte ascendenti, gli avevo fatto credere di aver concupito la metà maschile del jet set newyorchese. Era vero che una notte avevo *dormito* da Keanu Reeves, ma solo perché un tipo che avevo conosciuto (e che detto per inciso non era poi granché!) aveva le chiavi del suo appartamento (lavorava in un'impresa di pulizie!)... inoltre a me era toccato il divano – certo, il divano sul quale l'uomo più bello del mondo appoggiava il suo fondo schiena quando guardava la tv con indosso solo i boxer – perché il mio amico, che si era infilato sotto le coperte del divino Keanu, non ne aveva voluto sapere di condividere con me quell'esperienza. Marco ascoltava interessato, sorrideva, eppure tutto il glamour che gettavo sulle nostre spalle non sembrava impressionarlo più di tanto. Di solito con molto meno riuscivo a vedere l'entusiasmo nei ragazzi con cui parlavo, mi sentivo uno schianto carpendo uno sguardo, un'esclamazione... allora guardando l'orologio dicevo «Uh uh, si è fatto tardi...» e aggiungevo: «Domattina devo andare a colazione con Ambra e poi devo vedere Lorella Cuccarini...» al che ero certo che il ragazzo con cui stavo parlando avrebbe voluto passare con me le ore che mi separavano da quell'evento. Ma Marco era diverso, non diceva "fantastico" o "stupendo" facendo brillare gli occhi, mi guardava soltanto, ascoltava educatamente, ma niente di più. Gli stavo descrivendo il loft di Richard Gere nella grande mela, con la sicurezza di chi ha a disposizione un'anta dell'armadio dell'ufficiale gentiluomo («Casa Vogue» quel mese era uscita con un dossier su quello stupendo appartamento) quando su quelle bellissime labbra, avevo visto spietatamente emergere uno spietatissimo sbadiglio. Allora con un rullo di tamburi mescolato al suono assordante di una sirena avevo sentito che stavo precipitando...

> Da qual tremore insolito...
> Sento... assalir... gli spiriti...
> Donde escono quei vortici
> di fuoco pien d'orror...[1]

L'avevo guardato, lì a pochi passi da me eppure incommensurabilmente distante, irraggiungibile in quel sorriso

[1] Da W.A. Mozart, *Don Giovanni* (libretto di L. Da Ponte).

sarcastico con il quale camminava sul mio orgoglio con delle scarpe borchiate. Erano già le cinque e dovevo aver parlato ininterrottamente per almeno un paio d'ore. Ero stanco e disperato. Quello sbadiglio poi aveva definitivamente strappato anche il filo sospeso nel vuoto su cui camminavo come un funambolo un po' cialtrone, un po' simpatico. Ero stato sul punto di gettare la spugna. Avevo detto che era tardi, che la mattina seguente avrei dovuto alzarmi presto (senza specificare se dovevo andare semplicemente al supermarket o se avrei accompagnato Madonna a fare shopping...). L'avevo detto quasi piagnucolando, con una voce che non era la mia. C'era stato un altro lunghissimo silenzio mentre un fa sidereo si avvicinava da lontano verso la conclusione o l'attacco di un nuovo movimento. Marco aveva detto «sì, è tardi anche per me... mi sa che mi fermo a *dormire* a casa tua...». (?...) Aveva posto una strana enfasi su quel verbo di cui avevo abusato per tutta la sera? Si stava prendendo gioco di me? Di Keanu Reeves? Di Richard Gere? Non ci avevo pensato su molto, scalando a grandi falcate la vetta del mio orgoglio, con una faccia tosta assolutamente senza precedenti, immaginando in sottofondo la cavalcata delle Valchirie, avevo pensato risollevato *è cotto!* E mi ero girato con uno scatto, nascondendo il sorriso che mi veniva a galla sulle labbra, e mi ero diretto verso il guardaroba. Quel guardaroba, dove l'avevo visto la prima volta...

> un dì... (zumpappà)... fe-lice (zumpappaà) ete-re-a...
> (zumpappà)... mi ba-lenaste inna-a-a-ante...[1]

[1] Da G. Verdi, *La traviata* (libretto di F.M. Piave).

Rondò, in crescendo poi lentissimo...

Quella sera non successe nulla. Entrammo silenziosamente nella mia casa e ci infilammo sotto le coperte. Niente chiacchiere sul divano in attesa di posare una mano sul suo ginocchio. Niente musica nello stereo che potesse dare l'occasione di un lento da ballare *cheek to cheek*... O "che begli occhi che hai" che avvicinassero le mie labbra alle sue. Lo guardai di sfuggita mentre si sfilava la maglietta da rugby che avevo desiderato togliergli dopo pochi minuti che l'avevo visto. Sempre senza dedicargli molta attenzione lo guardai piegare con cura maniacale i jeans e appoggiarli sulla sedia ai piedi del letto. Come se fossimo in campeggio e mi stessi coricando con l'amico del cuore mi sfilai a mia volta i boxer e mi ficcai sotto le coperte senza incontrare il suo sguardo. Rimasi qualche attimo a fissare il soffitto, immaginando il suo corpo divagare attorno al letto coreografando il *Bolero* di Ravel, tormentosamente, sempre in crescendo, accelerando il tempo... E quando sentii il materasso sussultare leggermente accogliendolo, il *Bolero* si era ormai trasformato in una convulsione nella quale non si distinguevano né il tempo né la melodia. Dissi «buonanotte», spensi la luce. Non so come feci, forse si trattò di uno svenimento, ma mi addormentai. So che non ci crederete, ma vi giuro, vi giuro, vi giuro che mi addormentai...

Passarono alcune settimane. Giorno dopo giorno mi accorgevo che stavo aspettando una sua chiamata. Lo davo per scontato! Quella mattina quando eravamo usciti di casa gli avevo allungato un biglietto da visita e lui lo aveva infilato in una tasca del giubbotto. Sì, in ascensore gli avevo detto «magari ci sentiamo», ma così come si dicono molte cose, senza impostare la voce e guardarlo dritto negli occhi e fargli capire che desideravo con tutte le mie forze che ci sentissimo. Così quando rientravo in casa la prima cosa che facevo era buttarmi sulla segreteria. Di messaggi, come al solito, ce n'erano tantissimi – l'agente della *** aveva bisogno di parlarmi; Raffaella mi invitava a un party; l'amorazzo di alcuni mesi prima si chiedeva dove fossi finito... – ma di Marco nessuna notizia. All'inizio ero stato ottimista, prima o poi avrebbe chiamato, doveva chiamare, mi dicevo. (Ma si rendeva conto a fianco a quali voci sarebbe stata registrata la sua voce?) Poi avevo perso anche questa speranza. E avevo deciso di andare a cercarlo. Come lo avevo incontrato quella sera, per caso, lo avrei incontrato di nuovo, speravo. Così, come molti anni prima, avevo ripreso a dare sfoggio del dono dell'ubiquità per essere ovunque e sempre in tutti i gay-ritrovi. Passavo le mie serate abbarbicato sui trespoli dei bar bevendo uno dietro l'altro tre-quattro Negroni. Chiacchieravo, chiacchieravo, elargendo anticipazioni e pettegolezzi sul mondo della tv a chiunque avesse voglia di ascoltarmi e mi considerasse uno schianto. Mi divertivo, mi divertivo come un tempo, eppure appena vedevo comparire un pizzetto (che in quel periodo era di gran moda e dunque diffusissimo) subito il pensiero era una solo, Eccolo! E le chiacchiere, i pettegolezzi, gli sguardi, le esclamazioni, le conferme viventi che ero uno dei ragazzi più desiderabili di questo mondo, si azzeravano completamente e un sol purissimo mi faceva fischiare le orecchie e mi infilzava l'archetto di un contrabbasso direttamente nello stomaco. Cosa gli avrei detto? mi chiedevo. Come esordire? Come salutarlo? Come dirgli che ero lì perché lo stavo cercando senza apparire patetico? Ma quando il pizzetto si avvicinava, con il tonfo di una grancassa, o il deflagrare di un gong a pochi centimetri dal mio orecchio, si rivelava subito troppo banale, per essere il suo, troppo curato o troppo selvaggio. E le labbra poi, le labbra che quei pizzetti incorniciavano, erano sempre troppo comuni o troppo artificiali, troppo diverse da quelle carnose e composte in quella smorfia ironica che sembrava appartenermi. Così finivo per tornare sempre a casa solo, mi mettevo a letto e ascoltavo la Callas....

ca-a-sta di-i-i-iva... che inargenti...[1]

ALTRO INTERMEZZO

A tempo di valzer...

Va bene ragazzi, lo confesso! Tanto l'avrete già capito. Tutte queste metafore musicali! Tutto questo sfoggio... Da piccolo volevo diventare un direttore d'orchestra. A sei, sette anni mi chiudevo in camera, accendevo lo stereo, e in piedi sul letto mi mettevo a dirigere la mia orchestra immaginaria. Amavo Mahler, che richiedeva gesti ampi, volteggiamenti continui, estenuanti fino alle lacrime, ma anche Mozart che permetteva gesti decisi, nervosi, scatti, pugni lanciati in aria, saltelli... e Beethoven con il quale riuscivi addirittura a sudare. Monteverdi no, c'era d'addormentarsi a dar l'attacco alle spinette, a seguire le melodie sempre troppo semplici per i miei ardori direttivi. Così dopo aver preso per anni lezioni di pianoforte, di violino, di contrabbasso, di flauto dolce e traverso, e aver visto giorno dopo giorno la disperazione crescere negli sguardi dei miei maestri, mi ero iscritto al Conservatorio.

[1] Da V. Bellini, *Norma* (libretto di F. Romani).

Qui dopo aver provato più o meno tutte le specializzazioni, ritrovando la stessa disperazione nei professori, ero giunto alla conclusione che il mondo musicale non mi capiva, non poteva capirmi, perché ero un genio. Avevo così deciso di cambiare strategia nella mia scalata al mondo musicale. Mi ero trovato un lavoro ben remunerato con il quale avrei potuto accatastare abbastanza soldi per fondare un'orchestra tutta mia, con la quale, – ne ero certo! –, avrei rivoluzionato il modo di dirigere e di suonare delle più importanti filarmoniche del mondo. D'altra parte diplomarsi al Conservatorio non era una cosa così importante, anzi, quegli insuccessi mi parevano di ottimo auspicio: non era stato detto anche a Verdi (e in quello stesso Conservatorio che ora portava il suo nome), che di musica non ne capiva nulla?

Così dal podio del teatro alla Scala dove ero deciso ad arrivare ero giunto alla tv: facevo gli arrangiamenti dei *jingles* pubblicitari ed elaboravo con i computer le sigle dei programmi televisivi. Al posto di dare l'attacco ai primi violini o dirigere la bacchetta verso la grancassa o verso i timpani, sbracciandomi con uguale trasporto, cercavo di far cantare le soubrette che per esser state miracolate da madre natura o dal silicone, si sentivano autorizzate a intraprendere la strada del bel canto. Mi divertivo un mondo guardando la maggiorata di turno aprire la bocca convinta che bastasse quello per farci uscire l'attacco di *New York New York*, esultavo con tutta la mia misoginia di fronte ai guaiti che ne uscivano. Ma mi rendeva euforico alla fine armeggiare sul mio computer, per correggere, dare corpo, intonazione, rimasterizzare quei poveri suoni e trasformarli in melodie inaspettate. Mi gratificava vedere l'orgoglio, la soddisfazione e poi subito la superbia montare in quelle testoline ben acconciate sopra scollature vertiginose. Le guardavo muoversi con sicurezza nella piccola caverna insonorizzata della sala d'incisione, prodursi in gesti favolosi mentre con il mio aiuto si sentivano Liza Minelli o Ella Fitzgerald. Inutile dire che avrei voluto che uno dei maestri incontrati nella mia carriera di studente fosse stato in grado di fare per me ciò che io facevo per le mie soubrette. Comunque quello che all'inizio mi era apparso come un ripiego, si era rivelato alla fine il lavoro più gratificante del mondo: lavorare con tutte quelle starlette, diventare loro amico, frequentare le loro case, mi dava un invidiabile prestigio nell'ambiente gay. Si sa, nel mondo di quei locali e di quelle notti essere il truccatore di Mara Venier o il costumista di Raffaella Carrà conta cento volte più che essere il costumista o il truccatore di Vladimir Horowitz...

(Chi è Vladimir Horowitz??? smettete subito di leggere questo racconto e non riprendetelo in mano finché non avrete scoperto chi era...)

SECONDO MOVIMENTO

Adagio, lento trascinante, a passo misurato, grave...

In quel periodo lavoravo su Brigitta Boom, l'ennesima valletta di un quiz televisivo alle prese con il suo primo CD. Ce ne stavamo dall'alba al tramonto nello studio di registrazione collezionando suoni che, usciti sempre per sbaglio dalle sue labbra siliconate, avremmo poi assemblato per confezionare un dignitoso playback. Ma non c'era proprio nulla da fare, anche le più avanzate tecnologie digitali gettavano la spugna di fronte a quella oca presuntuosa. Così dopo il primo mese eravamo riusciti a mettere in piedi solo una strofa. Un bel fallimento per quello che nell'ambiente veniva definito come il "Severino Gazzelloni delle maggiorate". Esasperato, e con l'acqua alla gola, (avevamo già sforato col budget offerto dal facoltoso amante della valletta), ero corso ai ripari. Avevo buttato il materiale prodotto, avevo assoldato di tasca mia una vocalista e le avevo fatto cantare quella canzone come la valletta avrebbe voluto cantarla. (Cioè – come diceva lei stessa – tra Mina, la Vanoni e Billie Holiday.) Come descrivere la felicità che quei suoni avevano prodotto sul viso della tettona quando avevamo fatto la prova di play back? Si era messa a muovere la labbra come se fosse davvero Mina, con partecipazione, con trasporto, spalancando in modo virtuoso quell'escrescenza di carne che si era fatta mettere sotto il naso. Aveva infilato le mani nei folti capelli biondi, aveva corrucciato la fronte nelle note basse. E poi stendendo le braccia aveva iniziato a ricamare l'aria con quel gesto inimitabile che la Gran Signora della canzone italiana faceva quando appariva ancora in tv. Un miracolo, dicevano i miei assistenti, il vertice della mia carriera, eppure a me quella vittoria, ottenuta con l'inganno, pesava; era come ammettere che c'era chi per il canto non c'era proprio portato. E di conseguenza mi veniva da pensare che forse io non ero *portato* per Marco.

Finita la sua strabiliante esecuzione, brindato a dovere, scambiati i baci e i complimenti che non bisogna mai dimenticare di distribuire nel mondo dello showbiz, ero uscito dalla sala d'incisione e mi ero messo a camminare senza meta. Facevo sempre così quando ero depresso, "mi portavo a spasso" e mi facevo qualche regalo. Da giorni un'idea fissa aveva monopolizzato i miei desideri non potendone soddisfare altri: una nuova rimasterizzazione della *Norma* della Callas che la stampa specializzata aveva definito imperdibile, così mi ero diretto verso il mio Megastore preferito.

Mi rigiravo tra le mani un paio di cofanetti di CD che nel frattempo avevo scoperto altrettanto allettanti e indispensabili, quando avevo sentito spifferarmi accanto un ciao avvolgente e delicato come soffiato attraverso un flauto traverso. Mi ero girato irritato dall'idea di essere distolto dalla mia scorpacciata di CD e avevo rivisto, ma mai così bello come in quel momento, mai così curato, così fulgido in piena luce, attorno a un sorriso dieci volte più simpatico, rilassato, elegante, delicato, affascinante, quel pizzetto, quel pizzetto galeotto. Era Marco, Marco, Marco, che mi diceva come va, ma dove sei finito, non trovo più il tuo numero e chissà dove l'ho lasciato, e "volevo passare a salutarti a casa ma non mi ricordavo come facevi di cognome per suonare il citofono..." E io con le mani che quasi mi tremavano attorno ai CD, lo guardavo e me ne stavo zitto, come una delle mie soubrette rimaste improvvisamente senza play back, lì sul palco, capaci a quel punto soltanto di sorridere. E sorridevo, Dio come sorridevo...

«Anche tu a cercare questa nuova edizione della *Norma*!» (*con brio...*)

Andò meglio così, me ne stavo zitto e lo ascoltavo parlare. Senza l'aiuto di Richard Gere o di Keanu Reeves Marco mi chiese cosa facevo quella sera e se mi andava una pizza o due spaghetti a casa sua. Avremmo potuto ascoltare per due ore di fila quel prodigio dell'elettronica. E sarebbe stato come essere alla Scala nel 1954.... Cosa risposi? Ma ci andai subito e senza spiccicare parola.

... I signori viaggiatori sono pregati di allacciare le cinture di sicurezza vi raccomandiamo di spegnere i telefoni cellulari e i computer... (*pianissimo...*)

FINALE
In tempo di scherzo...

Caro Vladimir, ciò che successe quella sera può essere riassunto in un centinaio di punti annotati svagatamente su un notes di carta riciclata color ciclamino con la *Norma* come colonna sonora:

Uno. CD 1, sinfonia 5.53: entriamo in casa, Marco si toglie il cappotto, mi fa accomodare, accende lo stereo, inserisce il CD. La luce che entra dalla finestra produce scintille color malva sui peluzzi della sua barba castano chiara dai riflessi rossicci. «Accomodati... c'è un po' di casino, ma sono stato via due settimane e...» dice. Un tripudio di piccoli lampi germoglia nel suo sguardo mentre si gira e mi guarda, un nuovo nuovissimo sorriso viene sospinto verso di me da una frotta di ondicine leggermente schiumanti... «Siamo stati a Vienna per un concerto...» (siamo? Con chi???) Ancora sto zitto, comodamente riverso sul divano come se avessi sulle spalle una stola di spine di cactus di Prada... Immagino Marco e il suo fidanzato in smoking e vestito rosso nel palco di un teatro viennese come Richard Gere e Julia Roberts al Metropolitan in *Pretty Woman*. Addento la stola di spine di cactus, mi immagino in platea sempre al Metropolitan: ... Marco che mi vede dal suo palco e sotto gli occhi del fidanzato lascia cadere un fazzolettino. Il fazzolettino che cade e volteggia, gli spettatori che lo osservano. Io che cammino sulle poltrone di velluto e mi tuffo a pesce sul fazzoletto. La gente che applaude a scena aperta, si alza, batte i piedi... e chiede il bis... biiis!

Dico la prima cosa che mi viene in mente... «Cosa davano?» lo guardo fisso, pronto sullo start che mi permetta di esibire i miei dieci anni di conservatorio... «No, no, ci sono stato per lavoro... suono il violoncello...» (...) BANG! (...) Un pugno uscito dal nulla finisce inesorabilmente contro il mio stomaco. Un drappello di stelline da cartone animato circolano come un'aureola attorno al sorriso che mi deve essere morto sulle labbra. Hai capito caro Vladimir, suona il violoncello!! E io che avevo davanti il ragazzo dei miei sogni ho passato tutta una notte a raccontargli le solite stronzate che racconto. Quando avrei potuto una buona volta parlare della mia passione di Zemlinsky... e confessargli dopo un po' che ero il genio incompreso della musica contemporanea.

«tu invece da quel che ho capito ti occupi di tv...» (*allegro maestoso...*)

Due. CD 7, *Sediziose voci*; 3.45. Mentre Marco è andato in cucina a mettere sul fuoco l'acqua per gli spaghetti, giro per la casa con un unico pensiero: cercare notizie sul suo fidanzato per assoldare un killer... Non ci sono foto alle pareti, né lettere in giro, nei posacenere solo i mozziconi delle sue sigarette, Philip Morris super-extra-light. Dalla cucina Marco mi chiama, rimetto nel posacenere i mozziconi, lo raggiungo. E su una parete della cucina c'è tutta una quadreria di foto e cartoline alcune incorniciate altre appiccicate con lo scotch... Un universo di ragazzi tutti bellissimi e tutti accanto a lui che lo abbracciano, che lo baciano, o semplicemente sorridono! Marco dice qualcosa cui non rispondo, disperato indico una foto a caso che lo ritrae abbracciato a un biondone da grido su una spiaggia – di Miami? Long Beach? Cattolica? Chiedo: «è il tuo ragazzo?» sperando con tutte le mie forze che non lo sia. Lui si gira, mi guarda, con un mestolo in mano, più virile di Marlon Brando in *Fronte del Porto*. Strizza un pochino gli occhi per mettere a fuoco la foto che indico. Soffia: «Oh, una storiella estiva di un sacco di anni fa». Tace, torna ai fornelli, mi chiedo quante possibilità ho a disposizione per scovare il fellone, mi sembro una valletta appostata ai lati del megaschermo del cruciverbone in attesa che il telespettatore al telefono scelga la casella... B2 o V7? (...) *Sei bellissima. Complimenti per la trasmissione.* (...) Indico un'altra foto in cui Marco indossa lo stesso cappotto di questa sera sulla Piazza Rossa a Mosca. «Bella questa foto...» si avvicina, guarda la foto, dice... «Sì sono stato a Mosca qualche mese fa...» Ci riprovo: «Carino il tipo con cui sei...» E ancora: «È il tuo fidanzato?». (Devo essere un po' patetico a questo punto, ma non mi importa.) Marco sorride di nuovo, più divertito, «Ma no, è un primo violino... suoniamo insieme». Prende da un armadio un pacchetto di pasta, e mentre lo apre, sai cosa dice? «Sono single da almeno sei mesi...» (lo dice con naturalezza, en passant, come se dicesse "to' guarda, sta piovendo"). Allora caro Vladimir sento la marcia dell'*Aida* sgorgare dal pacchetto di pasta aperto, e immagino un corteo di schiavi egiziani appoggiare per terra la portantina dalle cortine di tulle su cui saliremo. Ma ti rendi conto, mi aveva detto che era fidanzato e sai perché? Più tardi dice: «Ci sono due tipi di persone che non mi interessano, le Cenerentole che incondizionatamente vogliono passare con me la vita e i Casanova che vogliono solo aggiungere il mio nome alla lista». Caro Vladimir ti sembro forse uno di loro?

Tre. CD 9, *Fine al rito... ah! bello a me ritorna*, 5.41. L'isoletta si avvicina caro Vladimir flottando allegra verso di noi sospinta da una accolta di cherubini nuotanti. Avvolgo attorno alla forchetta gli spaghetti e mi sembra di girare l'argano sul rimorchiatore improvvisato per dare una mano ai cherubini nella loro nobile impresa. Ciuf Ciuf. Non vedo l'ora di finire gli spaghetti e prendere il caffè sul divano. Poserei la tazzina e con aria ispirata direi "vorrei baciarti". E senza attendere risposta lo farei. Non è un gran metodo, mi rendo conto, conosco tecniche molto più sofisticate, ma è l'unica cosa che mi viene in mente in quel momento. Mentre ritira i piatti chiede «Vuoi qualcos'altro? Del formaggio, della frutta...». Mi alzo in piedi dico «caffè!» e immagino il divano, le sue labbra, la tazzina che appoggio, e...

(In cucina però non riesco ad attendere la salita del caffè, la tazzina. E infatti, mentre riempie di polverina il filtro della moka lo abbraccio da dietro e appoggio le labbra al suo collo. La caffettiera rimane sul fornello aperta... Lui si gira, si gira verso di me, ohh Vladimir...)

Quattro. Caro Vladimir ma ci voleva così poco? Due baci sul collo mentre lui fa il caffè e la Callas che canta *Dormono entrambi,* II CD 5, 7.29: ci siamo spostati in camera. Gli slaccio la camicia e gliela tolgo, rimane davanti a me e mi guarda a bocca spalancata, lo bacio di nuovo. La Callas attacca. *Deh! Con te con te li prendi*... II CD 6, 3.36. Il resto te lo risparmio... ricordi comunque come suonavi Scarlatti? Ecco è successo proprio così, vorticosamente ma seguendo un preciso, precisissimo disegno. E quelle mani che divagavano sulla tastiera dello Steinway... erano niente in confronto alle mie sul suo corpo.

Cinque. *In man mia al fin sei tu*, II CD 13, 6.40...
(...)

Sei. *Dammi quel ferro*, II CD 14, 2.52... A questo punto siamo stesi sul letto un po' stremati. Marco si accende una sigaretta. Guardo il listello inguainato di carta bianca avvicinarsi al suo pizzetto, appoggiarsi sulle sue labbra, il tizzone avvampare. Refoli di fumo uscirgli dal naso radente i peluzzi sopra la barba e sul mento. «Ti ho subito trovato molto intrigante o meglio curioso... con quegli sguardi perforanti e quei sorrisi a quarantotto denti» dice. «E mi è piaciuta la tua ostinazione...» Lo guardo, penso: "però, non l'avrei mai detto!". «E tutti quei discorsi assurdi che facevi... sembravi un po' ubriaco...» «Può darsi...» Lo guardo in silenzio. «Ma sei davvero stato con Keanu Reeves? Non si capiva bene...» Taccio, con un carnet di nuovi aneddoti sulla punta della lingua. Strofino il naso contro il suo orecchio. «Che importanza ha...» imploro. Mi dico che non voglio ingelosirlo.

(I cherubini sopra di noi sghignazzano...)

Sette. Cosa fa a un certo punto? (*Qual cor tradisti*, II CD 15, 6.27.) Sfila il braccio da sotto il mio collo, si gira verso il comodino e impugna il telecomando. «C'è *Raffaella show* questa sera!!!» proclama di fronte al mio sguardo trasecolato. E sai chi appare accanto alla Raffa? Ma è chiaro, ricordi la struttura della forma sonata? Brigitta Boom in uno dei suoi vestiti più succinti! Vorrei sprofondare, vorrei che un temporale dedicasse a questo piccolo televisore una saetta tutta sua per fulminarlo all'istante... «Uaho!» dice Marco. «Brigitta Boom! L'adoro... è così rilassante, riesce a parlare per ore senza dire una cosa sensata...» Si è messo a sedere sul letto, con le gambe incrociate, il torace nudo e le lenzuola che gli fanno da perizoma. Io taccio. Taccio. Taccio...

«Beene» dice Raffaella rivolta a Brigitta «so che c'è stata una svolta nella tua carriera.» Brigitta rimane un attimo muta, fingendo di pensare, sbatte due o tre volte le ciglia, fa un sorrisone dei suoi... «Sì» dice ispirata, (altro sorriso), accarezza con una mano la fronte e si scosta un ciuffo che non vuole proprio stare al suo posto. «Penso che un'artista come me debba crescere… fare la valletta è stata un'esperienza molto importante, mi ha dato una base... ma la mia vera vocazione è il teatro» lo dice spalancando la bocca, forse per essere più persuasiva, «vorrei fare un musical...» La Raffa la guarda, sorride. Deve averla già sentita questa frase. «Be' so che ora hai registrato un ellepì...» «Oh sì» geme Brigitta «un CD…» precisa, un altro sorrisone. (Ancora la mano che tiene a bada la ciocca ribelle che cade sul viso.) «L'abbiamo terminato proprio oggi... è stato un lavoro mooolto duro, ma sono davvero moolto soddisfatta del risultato... e dell'esperienza... molto!» (altro interminabile silenzio). Poi, senza soluzione di continuità: «Ho lavorato con dei grandissimi professionisti... a questo proposito vorrei ringraziare…» Tremo. Tremo. Tremo. Spero con tutte le mie forze che non pronunci il mio nome. Spero che ringrazi il fidanzato per il finanziamento, o il paroliere per aver scritto quel testo così "profondo", o il costumista per aver usato così poco tessuto per farle il vestito, o la donna delle pulizie per aver spolverato superbamente il suo leggio o il galoppino per averle portato il cappuccio migliore del mondo. E invece Brigitta, con la voce più decisa, guardando dritta la telecamera, facendomi impallidire, fa proprio il mio nome! E dice che sono «un uomo molto stupendo» e poi aggiunge scrollando la testa chissà perché… «è il più grande musicista sul mercato...». La Raffa ne conviene, sorride sollevata, manda la pubblicità. Marco accanto a me sobbalza, sghignazza, dice «Ma allora sei famoso...». Infilo la testa sotto il cuscino. Sotto, sotto il cuscino!

Caro Vladimir, la finirei così questa sinfonia, con Brigitta Boom sul teleschermo che dice su *Blob* che sono il più grande musicista contemporaneo, la Raffa che sorride, Marco che dice "ma allora sei famoso!" con la stessa aria con cui nel primo movimento aveva detto "guarda che sono fidanzato!", io che metto la testa sotto il cuscino, con la stessa decisione con cui gli avevo detto "vorrei offrirti qualcosa da bere". Il tutto ripetuto due o tre volte sempre in crescendo, a tempo di valzer naturalmente...

È qui che abbandono il me stesso narrato, mentre con la testa sotto il cuscino ancora non so se quella serata avrà un seguito, se Marco sarà il compagno del viaggio da sempre sognato o se presto si trasformerà in uno dei miei tanti Marco. Se saprà amarmi per quel che sono e anche per quel che pretendo di essere. O se mi ha invitato qui solo per scoprire se ero davvero così assurdo come gli ero parso al primo incontro. In quel momento, sospeso tra la veglia e il sonno, con il televisore in sottofondo e la *Norma* che va finendo, non voglio nemmeno saperlo; mi basta sentire lì a pochi centimetri dal mio corpo il ticchettio leggero delle sue dita sul telecomando. Ho sempre pronta comunque la mia borsa di paglia nella quale sogno già di mettere anche qualcosa per lui, degli spartiti certo, qualche libro, ma ti prego, ti prego, un po' di pietà, non il violoncello.

Luca tende la mano

di Marco Mancassola

Marco Mancassola

Il tono della sua voce è quieto, percorso da un sorriso che non è mai ornamentale. Marco Mancassola è la dimostrazione vivente che o la gioventù non esiste oppure sarà eterna. Porta i suoi ventotto anni con un peso non sacrificale ma consapevole. Segue la vita con attenzione acuta ma non spionesca. Non ruba, assorbe. La sua scrittura è capace di calamitare chi l'affronta per la sua forza essenziale, la sua nudità e il suo gioco interno dentro al quale è pressoché inevitabile cadere. Nasce nella provincia veneta da una famiglia piccolo-borghese. Percorre fino in fondo l'istituto magistrale ma dice di volerne sapere di più e si iscrive a filosofia. È un bel ragazzo che per mantenersi agli studi fa il commesso in una bancarella di libri, il barista, l'operatore telefonico, l'insegnante elementare di sostegno, l'addetto in un internet point e perfino (perfino?) lo spogliarellista. Se ha delle vanità le tiene custodite in qualche angolo degli occhi dove l'accesso è difficile. È certamente consapevole del proprio compito. La scrittura lo avvolge ma non lo annienta. Nel 2001 pubblica Un mondo senza di me *per la casa editrice peQuod: storia simmetrica di due ventenni, uno etero e uno gay, che affrontano per la prima volta la delusione di amori non corrisposti, che per la prima volta perdono ogni innocenza e ogni speranza vana. Aveva già pubblicato due racconti in* Coda *(Transeuropa 1996, a cura di Giulio Mozzi e Silvia Ballestra). Fino a qualche mese fa lavorava a Padova in una piccola casa editrice. Ora si è trasferito a Roma (lui dice per qualche tempo, ma io ne dubito) dove sta lavorando come un forsennato alla sceneggiatura di un film. È stordito da questa città senza fede e leggermente turbato dalla notorietà che repentinamente lo ha prescelto. Un giorno mi ha detto: «L'unica spinta a dedicarmi a qualcosa è la convinzione che questo qualcosa sia non contingente, ma necessario. Non vagamente utile: ne-ces-sa-rio». Si sente in tutto ciò che scrive.*

Luca tende la mano

È il silenzio a risvegliarlo. La gradevole immobilità della terra che lo circonda, senza trasmettergli più alcuna scossa. Se ne sono andati i visitatori coi loro passi pesanti, il custode che tutto il giorno ha sparso nuova ghiaia sui vialetti, fischiettando. Anche le macchine hanno smesso di passare, sulla strada che costeggia il cimitero. Tutto è fermo.

Luca apre gli occhi e sente il sollievo. Per tutto il giorno è stato in una specie di sonno agitato, impaurito dai clamori provenienti da sopra. Da sotto, invece, veniva un caldo insostenibile che gli attaccava il corpo. Luca ha il ricordo di una volta, anni fa, che rimase chiuso nella cabina di una sauna. La porta a vetri non si apriva più e lui sentì il terrore, sentì il caldo già intenso crescere di colpo, togliendogli l'aria. Quella volta c'erano altre persone con lui, fra cui un uomo che con un calcio aprì la porta. Dentro la bara invece è solo. Tutto il giorno sogna di essere in quella sauna, sente concretamente il caldo, l'asfissia, si chiede dove siano finiti tutti quelli che dovevano essere con lui, dove sia andato l'uomo che, lui ricorda, doveva liberarlo; questa discrepanza fra il ricordo e quello che vive nel sogno lo riempie di sgomento, di una sofferenza che è tremenda quanto quella provocata dai rumori, dal bollore, dalla mancanza d'aria. Vorrebbe gridare, soffoca.

Ora è sveglio. Resta fermo alcuni istanti cercando di capire. Ha un dolore in tutto il corpo che non è diverso da quello che provava durante il sonno, solo adesso è più fisico, consapevole. Cerca di ricordare da dove gli venga quel dolore, ma non saprebbe dire. Non ricorda nulla, in effetti, di tutto quanto ha preceduto questo momento. Nota che intorno c'è silenzio e il silenzio gli piace, è dolce, riposante, gli dà benessere nonostante quel dolore, nonostante il caldo che continua a tormentarlo. Sente nascere in sé desideri. Desiderio di fresco, di aria, di un po' di luce, lui che si trova nel buio completo. Alza le braccia e inizia a spingere. Sente che è il modo di realizzare quei desideri, e anche un altro che non sa bene, come un'ansia, la vaga coscienza di un impegno, di un posto dove andare al più presto. È allora che ha il ricordo di Riccardo e, insieme, il ricordo di chi è lui stesso.

È disorientato, nella stessa misura, dal pensiero di essere morto e dal pensiero di Riccardo morto. Tutte le volte che avevano parlato della morte, ognuno dei due immaginava come avrebbe reagito alla perdita dell'altro. Erano discorsi tristi ma Luca li sentiva in qualche modo necessari, naturali. La morte comune ha annullato il senso di quei discorsi. Luca prova un sentimento di imbarazzo ripensandoli, come qualcuno che ha voluto sfoggiare una grande sapienza, ma è stato contraddetto con facilità.

Si sente impotente. Più spinge con le braccia in alto, più gli pare che il coperchio della bara sia fisso. Non solo: gli sembra di sprofondare, di essere ricacciato in giù per l'effetto della sua stessa spinta. Eppure, lo sa, già le altre notti è riuscito ad andare fuori. Deve farcela anche adesso. Altrimenti, come farà a passare la notte, che è così lunga quando si è lucidi, e separati?

Ecco, il coperchio si è mosso, di pochissimo. Luca spinge ancora e ottiene un altro movimento. Nelle pause tra una spinta e l'altra, gli pare che le braccia si stacchino da lui. Le sente così deboli e prive di consistenza, da non poter più stare attaccate, come foglie secche. Ma al momento di spingere, quelle braccia si gonfiano e tornano solide. Luca impreca perché trova ingiusto questo sforzo eccessivo, per ottenere ogni volta dei movimenti minimi. Di questo passo impiegherà ore a spostare il coperchio.

Pensa alla propria volontà. La volontà se la immagina come un secondo corpo immateriale, sotto il suo stanco e mezzo putrefatto. Questo secondo corpo si muove, alza le braccia, sposta le gambe, trascinandosi dietro l'altro corpo di carne. Luca spera che il secondo corpo avrà presto una forza propria, indipendente, riuscirà magari ad agire sugli oggetti, senza più l'aiuto dell'altro. In questo modo diventerà un corpo a tutti gli effetti, diverso di sostanza ma simile nel modo di sentire; potrà staccarsi dal corpo ormai decomposto e migrare, chissà, in un posto adatto che gli sarà rivelato. Dopo averci pensato tanto, Luca non riesce a immaginare nient'altro, riguardo a quello che gli sta accadendo.

Se la sua teoria è giusta, però, il secondo corpo dovrebbe manifestare la forza crescente. Luca è sicuro, invece, di fare più fatica stanotte che in quelle precedenti. Questa sicurezza è dura, distruttiva, è un sasso enorme sopra un castello di carte. Luca vorrebbe piangere e non ci riesce. Sente due punture sotto gli occhi, ma niente lacrime. Vuole smettere di pensare, vuole solo uscire, far finire il dolore. Vuole vedere, toccare Riccardo. Di tutta la situazione è questa la cosa più crudele, non poter andare da

Riccardo, avere un ostacolo fra sé e il ragazzo che ama. Questo gli provoca rabbia. Luca sente un nodo, qualcosa di appuntito fra la gola e lo sterno, come se avesse inghiottito un boccone secco. Nei film e nei fumetti di quand'era bambino, ricorda, la rabbia dei morti era terribile, simile a quella di un uomo vivo, ma cento volte più feroce. Ora che lui stesso è morto, scopre invece questa rabbia piccola, tutta raccolta in un unico punto. Cerca di deglutire ma non ha saliva. Il nodo c'è ancora, come solido, e scende lentamente. Non c'è proporzione fra il desiderio che ha Luca di urlare e di muoversi, e questa rabbia così da poco.

Poi succede qualcosa. Il nodo arriva allo stomaco e lì è come se esplodesse. Luca sente, chiaramente, uno spruzzo acido che inonda la pancia. C'è un secondo di insensibilità e poi un dolore si solleva, dilaniante; a Luca pare di avere un vespaio nella pancia e mille vespe furiose che pungono, mordono, scavano nella carne. Luca ha una serie di spasmi, preme le braccia sullo stomaco. Si rigira su se stesso, è sulle ginocchia; cerca di urlare, batte la testa, ha colpi di tosse violenta e sente gli occhi premuti in fuori, come quando sale il vomito. Non può resistere, si colpisce il ventre con i pugni, fa dei versi simili a muggiti. Spinge con le spalle contro il coperchio e con le ginocchia contro il fondo, è teso in questo sforzo perché vuole aprirsi in due, fare uscire il dolore. Poi riceve addosso una cascata di terra. "Ho aperto la bara" pensa, e si stupisce di questo pensiero che è venuto nitido, calmo, come estraneo al dolore convulso. Di colpo è sdoppiato, gli pare di osservarsi da fuori, come certe volte che ha preso droga e ha sentito un gradino di distacco fra sé e il corpo. "Ora devo spostare il marmo della tomba" pensa. Il marmo è freddo, sembra di ghiaccio; "non ce la farò, sì, avanti, non resisto". Il dolore è intollerabile dentro la sua pancia; Luca ha un pensiero bizzarro, di mettersi a parlare con questo dolore, dirgli: «ti prego, calmati. Ora ti conosco, so che esisti in me, ma fermati ti prego». Gli torna la tosse, la sensazione del vomito, ha dei conati a vuoto. Poi non sa più, sente uno strappo lungo le braccia, un rumore di pietra mossa, una folata d'aria. È fuori, disteso sull'erba.

Forse è svenuto. Quando riapre gli occhi ha la sensazione che siano passati pochi istanti, ma il dolore nel frattempo è diminuito di molto, le contrazioni dello stomaco sono passate. Gli resta un senso di pesantezza sull'addome, come se avesse preso una botta e la carne si fosse addensata. Si solleva sulle braccia. È a pancia in giù e sull'erba, a pochi centimetri, vede alcuni vermi. Hanno un colore grigio chiaro e strisce di materia collosa nera sul dorso. Uno è attaccato a un grumo della stessa materia. I vermi hanno le misure di un mignolo, e danno l'impressione di essere gonfi, molli. Si agitano appena, come i pesci tolti dall'acqua quando sono quasi morti. Luca guarda i vermi e gli sembra di essere guardato da loro. Non vede se hanno occhi ma gli pare che col loro modo di agitarsi sull'erba si rivolgano a lui. Luca sa da dove vengono. Sa di avere vita in sé, non vespe come ha immaginato prima, ma vermi come quelli, umidi e molli. O forse chissà, sono proprio larve di vespa. Se chiude gli occhi, gli resta l'immagine dei vermi, che continuano a muoversi e poi si fondono, in un piccolo nido morbido. Il nido scende e si allarga. Invade tutta la pancia, con lingue che salgono su per la schiena, verso i polmoni. Luca sente in queste parti un tepore, mentre il resto del corpo si è raffreddato, ora che è uscito dalla tomba. Luca pensa che i vermi nella sua pancia dormono, restano stretti fra loro per creare quel tepore, e difendersi dal freddo notturno. Domani riprenderanno a divorarlo, con lentezza, con i loro piccoli morsi. Luca pensa che il dolore di essere divorato da dentro, in realtà, non era mai stato così atroce e violento come poco fa. "Mai più" dice fra sé. "Mai più, vi prego."

Si alza in piedi. C'è molta luce nel cimitero; le altre notti era buio, mentre questa è una di quelle notti invernali molto limpide, con la luna che rischiara. Luca solleva la testa e resta accecato, si preme le mani sugli occhi. Non aveva mai visto la luna così bianca. Con gli occhi stretti riprende a guardare intorno. Ormai conosce questo posto: è ai bordi di un vialetto. È in mezzo a una fila di tombe. Di fronte ha un'altra fila di tombe. Più in là ci sono altre file, e dietro ancora file. In lontananza c'è qualche albero, e i muri di cinta del cimitero, e in fondo la cappella. Tutte le tombe sono simili, hanno una lapide e una lastra di marmo orizzontale, con sopra vasi di fiori. Su ogni lapide ci sono una o più fotografie, con i nomi in lettere dorate. La tomba davanti alla sua è diversa, ha la foto e il nome sul marmo orizzontale, mentre al posto della lapide c'è un angelo di gesso. L'angelo ha un viso da bambino e le braccia stese in avanti, con i palmi delle mani in su. Ha schegge di ghiaccio sulle punte delle dita, occhi cisposi per la brina, labbra luccicanti come dopo un pasto di neve.

A Luca piace questo freddo, dopo la giornata passata a soffocare. Lo trapassa e gli dona un'impressione di aria, di respiro. Luca non sa più respirare. Se cerca di farlo, se ordina al naso di fare entrare l'aria, non succede nulla; come quando si schiaccia l'interruttore e la luce non si accende.

Luca cammina. Ascolta il rumore secco dei suoi passi sulla ghiaia. Quasi si stupisce a sentire questo rumore, a pensare che è lui a provocarlo. Si sente così slegato dalle cose, da quello che vede intorno. Eppure è lì. Sul vialetto di ghiaia a camminare, con i muscoli delle gambe che gli fanno male, come se avessero l'acido lattico.

Che notte è questa? Forse la quarta, o la quinta dopo i funerali; Luca non ricorda bene. Svolta a destra e poi di nuovo a destra, automaticamente. Talmente preso dall'atto di camminare, da non badare quasi al tragitto. Camminare è una fatica dolce, che lo riempie del tutto. Non sente altro né pensa ad altro; un passo dopo l'altro, verso Riccardo.

È arrivato. Sotto quel marmo c'è Riccardo. Luca sa che Riccardo non si sveglierebbe mai da solo, che è suo compito dare il risveglio. Anche prima, da vivi, era sempre Luca a svegliarlo. I giorni che andavano a lavorare, Luca era costretto a essere brusco, per farlo alzare in fretta. La domenica, invece, scostava un poco le tende e si sedeva sul letto, accanto a Riccardo. Lo guardava dormire. Guardava quel viso calmo e desiderava stare lì molto tempo, a proteggere il suo sonno. Provava tenerezza come per un bambino, e al tempo stesso il desiderio per l'amante. Gli carezzava piano i capelli, gli orecchi. Riccardo apriva gli occhi. «Lasciami dormire» diceva, e richiudeva subito gli occhi. Ma sorrideva, e si scopriva il petto nudo.

Luca guarda la foto sulla lapide. È brutta, con i colori troppo vivi; il biondo dei capelli sembra il giallo di un girasole. L'espressione del viso è ugualmente bella, si vede che Riccardo si trattiene dal ridere, ha lo sguardo divertito, un sorriso malcelato. Gli veniva da ridere, ogni volta che si metteva in posa. Questa foto Luca non la ricorda. Dev'essere stata fatta prima che si conoscessero, Riccardo dimostra diciassette, diciotto anni. Il mese prossimo, se fosse ancora vivo, ne compirebbe ventiquattro.

Sposta il marmo. Non è difficile, da fuori. Scende nella tomba. Bisogna togliere lo strato di terra, con le mani.

Non ce n'è molta, dopo varie volte che la bara è stata aperta e richiusa. Ecco, sta per alzare il coperchio. Luca sente pace, non ha emozioni forti. Ha quel momento sospeso di quando il desiderio si sta per realizzare, come al termine di un conto alla rovescia.

Apre la bara. Esce del gas simile a vapore, con un lieve sibilo. Luca si chiede se anche dalla sua bara, prima, sia uscito questo gas. Il gas ha un odore come di conceria. Si dissolve subito. Luca resta a guardare Riccardo, che è in una posizione contorta, con le braccia sopra la testa, come aggrappate alla testiera di un letto; le gambe sono piegate di lato, con i talloni che toccano il sedere. Piccolo mio. Anche tu chiuso in una bara, a soffrire il caldo, il fetore, i vermi interni. Luca sente una stilettata, profonda e precisissima, al centro del cuore. Vede che Riccardo ha la carne gonfia e bianca, con ombre verdastre. Sulla fronte e sul collo ha le ferite mortali. È nudo, tranne per le mutande. Anche Luca indossa solo le mutande. I vestiti funerari, troppo pesanti, li hanno tolti al primo risveglio.

Luca è indeciso. Non sa come svegliare Riccardo, non ricorda come lo ha svegliato le altre notti, è intimidito all'idea di toccarlo. Si chiede se è giusto toglierlo dal sonno, chiamarlo a essere consapevole.

Riccardo si sveglia da solo. Sbatte gli occhi, guarda Luca. «Sei venuto» dice. «Stavo sognando, sai. Ero incastrato fra le lamiere. Credo di aver fatto sempre questo sogno, tutta la giornata.»

Luca ha un'altra stilettata. Questa volta lo stiletto si rigira, gratta verso l'alto. Luca sente il suo cuore secco, come un legno bruciato, polverizzato dalla lama. Questa polvere che cade, potrebbe essere rimorso. L'incidente è stato colpa sua. Luca è morto subito, ha il ricordo di un grande rumore, e poi basta. Riccardo invece è stato vivo, perfettamente cosciente, per più di quattro ore. Aveva pezzi di parabrezza e di metallo conficcati nel viso e nel collo, ma non se ne accorgeva. Soffriva per le gambe e le braccia schiacciate fra i rottami, non poteva muoversi e gli pareva di essere tirato per gli arti in quattro direzioni diverse, come in una macchina della tortura. In quelle ore pensò continuamente che se era sopravvissuto all'urto, significava che si sarebbe salvato. Immaginava scene di riabilitazione in ospedali luminosi, come in certi film americani. Poi arrivò il pompiere che lo tirò fuori. Il pompiere lo distese sull'asfalto e si inginocchiò accanto a lui, tenendogli delicatamente sollevata la testa. Era giovane, aveva gli occhi verdi. Riccardo vide compassione nel suo sguardo, e ne fu grato. Avrebbe voluto baciarlo. Si accontentò di sollevare un braccio per carezzargli la guancia, ma neanche questo gli riuscì. Si sentì debolissimo e morì.

Quando Riccardo gli ha raccontato questo, Luca ha provato amarezza. Com'era stato tutto violento, lo scontro improvviso, loro che un attimo prima stavano parlando, e di colpo erano divisi; l'uno morto all'istante, l'altro poco dopo, guardando negli occhi un uomo sconosciuto.

Ora sono riuniti. Luca aiuta Riccardo ad alzarsi in piedi, a uscire dalla buca della tomba. Nota quanto siano goffi i movimenti di Riccardo, quanto siano rigide le gambe, la schiena. Anche lui ha movimenti simili, ma in Riccardo fanno più impressione. Ricorda, quando lo ha conosciuto, di essersi innamorato fra le prime cose della sua camminata, del modo sciolto di muovere il corpo, simile a quello di un giocatore di basket. Era estate, Riccardo portava spesso i pantaloni corti e a Luca piacevano le sue gambe, scure, con i peli imbionditi dal sole. Ora le gambe di Riccardo sono così bianche da sembrare di cera. Anche la faccia è bianca, con le labbra nerastre e ombre scure che affiorano, come se sotto la pelle bianca la carne fosse nera. Questo non gli fa impressione, perché alcuni particolari sono intatti nel viso di Riccardo, la forma delle mascelle, le sopracciglia, ed è come se bastassero questi particolari a ricostruire il viso di prima, quell'aria da bambino imbronciato, con la fronte sempre un po' corrugata. Luca lo guarda, è di fronte a lui, in piedi. «Cucciolo» dice. «Cucciolo, piccolo, amore.»

Resta un attimo in silenzio. Luca vorrebbe che Riccardo si avvicinasse, per farsi abbracciare. Riccardo non si muove. Tira indietro la testa, come urtato dalle parole di Luca. Ha gli occhi così infossati in cavità nere che sembra guardare Luca dal fondo di una trincea. «Stiamo diventando mostruosi» dice. «Ci stiamo decomponendo.»

Luca allunga le braccia verso Riccardo, poi le abbassa, senza sapere perché lo ha fatto. È stordito. Vorrebbe ripetere le parole dolci di poco fa; forse Riccardo non le ha sentite bene. Abbiamo sempre avuto coraggio, dice. Amore, abbiamo sempre avuto...

«Dicevi sempre così» dice Riccardo con tono ostile. «Anche quando eravamo vivi. Ma non significa niente, sai? Non mi importa del coraggio che ho avuto una volta.»

Luca è stanco. D'un tratto si accorge di quanta fatica ha fatto. È uscito da una tomba, ha camminato, ha aperto un'altra tomba. Gli sembra di aver portato fin qui un enorme macigno, ora spingendolo ora trascinandolo. Ha fatto questa fatica per avere conforto. Se Riccardo non gli dà questo conforto, lui si trova a dover capire: ha un senso la fatica spesa, o è andata del tutto sprecata?

Luca ha paura. Pensa che Riccardo lo respingerà. Perde l'equilibrio, cade giù a sedere, sul gradino di una tomba. Senza Riccardo non avrà speranza. Non può esistere nulla di peggio, ora, che restare solo.

Anche Riccardo si è seduto su una tomba, di fronte a Luca. Fra loro c'è la tomba da cui Riccardo è uscito, aperta. Luca la guarda e la vede come una voragine buia. In una voragine come quella dovrà tornare anche lui, fra poche ore. Il pensiero di queste ore da trascorrere, d'un tratto, è più penoso di quello della voragine stessa. Luca ha una specie di incredulità, come ogni volta che le illusioni cadono. Fa un piccolo gemito. Gli sembra di essersi tagliato, di vivere quell'istante in cui si aspetta la fuoriuscita del sangue.

«Chissà se ci sveglieremo anche domani» chiede Riccardo «e dopodomani. E se ci sveglieremo, ci sveglieremo per cosa? Ogni notte non cambia niente, tranne il corpo che continua a marcire».

Luca non smette di pensare ai tagli, a un coltello che lo colpisce sulle braccia, sul petto; gli sembra di sentirla distintamente, la lama che entra e divide la carne. Si sente escluso, trascurato dalle parole di Riccardo, che descrive la propria angoscia come se la presenza di lui, Luca, fosse inutile.

Non è vero, come dice Riccardo, che non cambia niente. Luca sa che qualcosa sta accadendo in loro, ci sono modificazioni, oltre a quelle del corpo in putrefazione. Altrimenti non si spiegherebbe come facciano a parlare senza usare la bocca. La notte del primo risveglio, gli sembra di ricordare, parlavano normalmente. Una delle notti successive, senza alcuna emozione definita, Luca si è accorto che la voce non gli usciva più dalla bocca, ma da un punto posteriore, come se qualcuno alle sue spalle parlasse al posto suo. Concentrandosi, ha sentito che la voce proveniva da un punto sulla schiena, più o meno in mezzo alle scapole. Da lì ha continuato a parlare, e quando Riccardo gli ha risposto, ha visto che non muoveva le labbra, parlava anche lui dalla schiena. Ora vorrebbe indicare a Riccardo questo fatto come un fatto importante, una possibile prova; ma una prova di cosa, di preciso non sa. «Credo che quello che ci sta accadendo sia una specie di fase» prova a dire «una fase di un ciclo che si deve compiere, ma non so bene». Poi tace, confuso.

Riccardo lo guarda quasi con sorpresa, inclinando la testa di lato. Poi la abbassa e muove i piedi, li sovrappone, li struscia, come se avesse imbarazzo. Incrocia le braccia. «Che modo assurdo di morire» dice. «Se doveva succedere, almeno fosse stato diverso.»

Luca annuisce. Crede di sapere cosa intende Riccardo. Anche lui se ci pensa prova un tale tormento, sente come una mano che gli spinge lo sterno. Sono morti litigando. Stavano discutendo in modo acceso, si dicevano parolacce, ed è per questo che Luca si è distratto dalla guida. Che idiota! Non ci si può distrarre, a centoventi all'ora. Non si può nemmeno litigare, a quella velocità. Per correre si deve stare bene. Luca pensa a certi viaggi in autostrada, di notte, con le luci lontane delle zone industriali, la carreggiata vuota, la musica alta e loro due muti, felici, attratti quasi da una forza magnetica, avanti, sempre più veloci.

Gli viene in mente una canzone degli Smiths. *Take me out tonight... where there's music and there's people that are young and alive...* Da quanti anni non ascolta questa canzone, eppure la ricorda bene. Lui a dire il vero non ha mai avuto orecchio, per le canzoni inglesi. Per questo gli sembra strano di ricordarla interamente: *Driving in your car... oh please don't drop me home... because it's not my home, it's their home and I'm welcome no more...*

Non ricorda solo questa canzone. Ne ricorda molte altre. Potrebbe giurare di ricordare le parole di tutte le canzoni che ha sentito in vita sua. Prova a canticchiarne qualcuna e ognuna viene, con facilità. Luca chiude gli occhi e ha la visione di un albero. L'albero è imponente e ha una cavità alla base. A qualunque canzone lui pensi, quella canzone esce dalla cavità. Luca entra nella cavità. Luca è clorofilla luminosa che risale l'albero, fino alle foglie. In ogni foglia c'è un ricordo. Non solo canzoni. Tutti i fatti della sua vita sono lì, nitidi, anche quelli minimi che non ha mai ricordato, tutte le facce, le conversazioni. Luca è fluido, può andare da una foglia all'altra in un istante, attraverso i canali dell'albero. Ogni ricordo inizialmente è un'immagine fissa, poi il vento scuote la foglia e l'immagine si anima, è vita.

Luca scende, è fuori dall'albero. Lo osserva e lo vede come in una radiografia, con i mille canali della clorofilla bianca, simili a uno scheletro. Luca apre gli occhi e per un po' l'immagine dell'albero rimane, come inquadrata da un terzo occhio sul retro della testa. L'albero gli dà un senso di pace e di ordine. Quello che vede davanti, invece, il cimitero, le tombe, gli sembra offuscato, come immerso in una nube di pulviscolo.

Riccardo non è più di fronte a lui. Gli è seduto accanto. «Da quanto sei seduto qui?» chiede Luca. Riccardo non risponde, prende una manciata di ghiaia, ci gioca brevemente, la getta. «Pensa un po'» dice Luca. «Mi sono accorto di ricordare tutto, ogni momento della mia vita.» «Ah sì» fa Riccardo. «Anche quella domenica di pioggia, che dovevamo andare al Lido?»

Luca senza sforzo ritrova l'odore di pioggia di quella domenica di giugno, la delusione di loro due affacciati alla finestra. Avevano fissato già da alcuni giorni, con la compagnia di amici, di andare al mare quella domenica. Era sembrata un'occasione persa. Si erano aggirati per la casa come bambini senza giochi. Poi avevano preparato il pranzo e l'avevano fatto con cura, non sapendo cos'altro fare. Lavando la verdura, preparando un budino, era venuta una specie di rilassatezza. Avevano mangiato e poi avevano dormito. Avevano guardato una videocassetta e letto vecchi fumetti, sdraiati sulla moquette. Verso sera era suonato il telefono e quando Riccardo aveva detto, con la cornetta in mano «Sono loro, chiedono se usciamo a mangiare una pizza» Luca si era vergognato di dire la verità, e cioè che stava bene lì, a casa, senza fare niente di particolare.

«Quella giornata» dice Luca «credo di non averla mai ripensata. In fondo non successe niente. Ma ora la ricordo, ce l'ho chiara come fosse ieri.» «Anch'io» dice Riccardo. «Siamo stati sereni, quel giorno.»

Luca prova tenerezza. Guarda Riccardo che ha un'aria sperduta, dolce, nonostante le brutte ferite, e ha gli occhi piccoli, come assonnati. Gli sfiora una tempia. Riccardo fa un sorriso sgraziato, lento, di quelli che vengono quando si ha paura. «Povero cucciolo» dice Luca. Si abbracciano. Luca accarezza le spalle e la schiena di Riccardo, sente la pelle fredda, gommosa, come linoleum. Pensa al corpo che Riccardo aveva, atletico e forte, ma non prova rimpianto, prova piacere a carezzarlo anche ora. Questo piacere è doppio, c'è il piacere di ritrovare il contatto, e il piacere di riuscire a dargli, forse, un senso di protezione.

Luca sente piccole vibrazioni, come se i suoi muscoli, i suoi nervi fossero corde tese, pizzicate. Soprattutto nel braccio destro sente queste vibrazioni, e da lì al busto, all'altro braccio. Le vibrazioni sono dapprima neutre, puro movimento. Poi producono un lieve solletico, infine sono piacevoli. Luca si accorge di essere eccitato. Carezza Riccardo sul petto e sul collo. Riccardo sembra sorpreso, indeciso, poi risponde alle carezze. Luca gli abbassa le mutande, gli prende il cazzo fra le dita. È minuscolo e verdognolo. Luca ci gioca un po', lo stuzzica, aspettando di vederlo ingrossare. Fa con la mano quei movimenti precisi e familiari, che sa graditi a Riccardo. Passa forse un minuto. Riccardo è tornato immobile. Luca continua a stuzzicargli il cazzo, ma non succede niente. Neanche lui sente eccitazione, là. È pieno di tensione tranne in quel punto. Se lo tocca con l'altra mano, è freddo, molliccio, fa pensare a un piccolo bruco morto. È impossibile che diventino, quelle due appendici, organi adeguati e sensibili. Luca si ostina. Gli pare che rinunciando a questa cosa, perderebbe il potere su tutte le cose. Si abbassa verso Riccardo, vuole prenderglielo in bocca. Riccardo scatta, gli spinge via la testa. «Cosa ti salta in mente?» dice.

Luca è paralizzato. Ha una mancanza di forza, gli ricadono le braccia, fa fatica a sostenere la testa. Ha la sfinitezza di chi è deluso in tutto. «Perché perdo tempo con te» dice e dopo queste parole è ancora più debole, vuoto, la vista si sdoppia, chiude gli occhi e dice: «Ecco, adesso mi spengo. Se bastasse questo, per finire davvero. Se bastasse stare fermo, senza pensare, in attesa».

Non basta. Per quanto si concentri a escludere le sensazioni, c'è troppo movimento in lui. C'è il dolore continuo del corpo, ci sono le ondate di tepore dal ventre. E quella vibrazione suo malgrado piacevole, trascinante, che riprende dal palmo della mano destra. È come una serie di piccole scosse elettriche, sempre più ramificate, che risalgono il braccio e poi si spargono nella parte superiore del corpo. Luca cerca di ignorarle, sperando che nel frattempo passino, come certe volte che si svegliava di notte con lo stimolo della pipì, ma non aveva voglia di alzarsi. Pensa che queste scosse piacevoli, se continueranno, cresceranno e non avranno sfogo. Allora quel piacere che adesso comportano diverrà sofferenza.

«Cosa devo fare?» chiede Luca. Si gira verso Riccardo. L'altro è lì accanto, rannicchiato, con la fronte sulle ginocchia. Luca potrebbe allungare la mano, toccarlo. Sente una pulsazione a questo pensiero, sul palmo della mano, come una piccola bolla che scoppia. Si guarda il palmo. Non vede niente. Eppure è sicuro di avere qualcosa, una specie di ghiandola poco sotto la pelle. Più si fissa il palmo della mano, più gli pare che quel punto prenda consistenza. Non lo individua di preciso; vorrebbe toccarsi con l'altra mano, per sentire se c'è un rilievo, ma ha timore, come di toccare una parte troppo sensibile. Gli sembra che le scosse vengano da lì. Non ha alcun controllo su di esse. Luca è cosciente, per la prima volta, di non possedere più il corpo. È come relegato sulla soglia di una stanza che prima era sua. Senza capire, deve stare a sentire quel che accade. Ora le scosse si smorzano, o meglio: si ritirano. Tornano giù per il braccio, si raccolgono. Formano una piccola massa. Luca non sente più niente, soltanto l'esistenza di quel punto.

Muove un po' la mano, cautamente. Gli pare di reggere una minuscola scultura di vetro. Si aspetta quasi di vedere dei riflessi. I riflessi non ci sono, non visibili, ma ci sono ancora piccole scosse, che corrono lungo le dita. Luca è stupefatto di queste scosse, intense, che assomigliano realmente alle sensazioni del sesso, ma anziché riguardare il pene o le altre zone del sesso, si manifestano nella mano. Vorrebbe stringersi la mano sul petto, chiudersi intorno a essa, proteggerla. Vorrebbe, se avesse liquido negli occhi, piangere sopra questa mano. Ha paura che il piacere, la vita che sente in essa, si spengano da un momento all'altro. È nella situazione opposta di quando un braccio o una singola mano si addormentano, si smette di sentirli; per lui l'intero corpo è insensibile, come annullato, mentre la mano è viva e calda.

Tende la mano a Riccardo. «Amore» dice. Riccardo si scuote, solleva la testa. Gli guarda la mano. «Cosa c'è?» «Dammi la mano» risponde Luca. Ha un tono neutro. Non sa esattamente cosa aspettarsi, cosa sperare. Sta facendo a caso, quasi per istinto.

Riccardo si alza in piedi. Traballa un po' prima di trovare l'equilibrio, come se avesse le vertigini. «Guarda» dice «è quasi l'alba». Fa un gesto verso l'orizzonte. Luca guarda, pensando di vedere una striscia di cielo chiaro, ma è tutto nero, ancora. Resta lì con la mano tesa. «Riccardo...» dice.

«Possiamo andarcene» fa Riccardo. «Come?» chiede Luca. «Possiamo uscire dal cimitero. Possiamo andare a farci vedere. Gli scienziati! Gli scienziati ci aiuteranno. Potrebbero scoprire che non siamo realmente morti. Potrebbero darci delle spiegazioni.

Luca scuote la testa. Ha l'immagine di una folla di persone e sente uno strattone di paura, come un collare che lo tira indietro, violentemente. Pensa a sua madre, suo padre, pensa agli amici, si chiede come potrebbe presentarsi loro, con la carne mezzo putrefatta e la pancia piena di vermi. È un'idea rivoltante. «Non capisci» dice. «Per gli altri siamo conclusi. Perduti in via definitiva. Non possiamo tornare indietro.»

Riccardo è appoggiato a una lapide, con la testa bassa. Sembra incapace di reggersi da solo. «Hai orgoglio» dice. «Non vuoi far vedere come sei ridotto.»

Luca si passa una mano fra i capelli. Sono morbidi e secchi come il pelo sintetico, con palline di terra in mezzo, che lui toglie via. Poi si guarda la mano. Lo ha così sconvolto la proposta di Riccardo che non sente più nulla sul palmo. «Se mi stringevi subito la mano» dice «poteva succedere qualcosa di bello.»

Ha un ricordo. È notte, camminano per il centro di una città. Forse sono un po' ubriachi. Si fermano davanti a una grande fontana, si affacciano sopra l'acqua. Riccardo è colpito dalla luce bianca, fluttuante, che viene dal fondo della fontana. Com'è bello questo ragazzo. Luca lo ha conosciuto due ore fa, alla festa che hanno appena lasciato. Hanno parlato tutto il tempo ma Luca vuole ancora sapere. Non è mai stato così curioso verso un'altra persona. Ha come una spinta, qualcosa di interno che si gonfia, comprimendo il cuore, facendo salire le parole. Ora entrambi tacciono e ascoltano il rumore dell'acqua. Luca tiene gli occhi fissi su di lui. Capisce che tanta voglia di scoprire l'altro non può finire in una sola sera. Luca intuisce il futuro. Il suo futuro non è più casuale, ha una nuova necessità: Riccardo. Questa necessità è un filo luminoso gettato in avanti, come la corda attaccata all'ancora. Luca amerà Riccardo. Non è mai stato così consapevole, così sicuro di quel che sarà.

aprile-maggio 1997

Indice

PICCOLA BIBLIOTECA OSCAR

Pierre Riches, *Note di catechismo per ignoranti colti*
Jack Kerouac, *La scrittura dell'eternità dorata*
Jack Kerouac, *Lettere dalla Beat Generation*
Marguerite Duras, *Il nero Atlantico*
Giulio Mozzi, *Questo è il giardino*
Eraldo Affinati, *Veglia d'armi*
Douglas Coupland, *Generazione X*
William Gibson, *Monna Lisa Cyberpunk*
Chimo, *Lila dice*
Thomas Cleary, *Tuono nel cielo*
Eraldo Affinati, *Campo del sangue*
Michael Ende, *Il pifferaio magico*
Piero Chiara, *I Promessi Sposi di Piero Chiara*
Edoardo Albinati, *Il polacco lavatore di vetri*
Thomas Cleary, *104 scherzi zen*
Thomas Cleary (a cura di), *La saggezza del Profeta*
Thomas Cleary, *L'elemento umano*
Jeffrey Eugenides, *Le vergini suicide*
Jack Kerouac, *Vecchio Angelo Mezzanotte*
Eraldo Affinati, *Bandiera bianca*

Fernando Sorrentino, *Sette conversazioni con Borges*
Agatha Christie, *Trappola per topi*
Arthur Miller, *Una ragazza bruttina e altre storie*
Cristina García, *Questa notte ho sognato in cubano*
Philip K. Dick, *Scorrete lacrime, disse il poliziotto*
Lawrence Ferlinghetti, *L'amore nei giorni della rabbia*
Niccolò Ammaniti, *Fango*
Tibor Fischer, *Il collezionista*
Philip K. Dick, *Il sognatore d'armi*
Jeanette Winterson, *Arte e menzogne*
Jeanette Winterson, *Il sesso delle ciliegie*
Jack Kerouac, *Bella bionda e altre storie*
Douglas Adams, *Guida galattica per gli autostoppisti*
William Gibson, *La notte che bruciammo Chrome*
Tibor Fischer, *Sotto il culo della rana*
William Gibson - Bruce Sterling, *La macchina della realtà*
Kiran Desai, *La mia nuova vita sugli alberi*
Chico Buarque, *Benjamim*
Philip K. Dick, *La penultima verità*
Michele Mari, *Tu, sanguinosa infanzia*
Sandrone Dazieri, *Attenti al gorilla*
Groucho Marx, *Grouchismi*
Eraldo Affinati, *Uomini pericolosi*
Giuseppe Montesano, *Nel corpo di Napoli*
Albert Einstein, *Pensieri di un uomo curioso*
Niccolò Ammaniti, *Ti prendo e ti porto via*
Salman Rushdie, *Il Mago di Oz*
Jack Kerouac, *Diario di uno scrittore affamato*
AA.VV., *Fuori area*
Martyn Bedford, *La ragazza Houdini*
Berbera & Hyde (a cura di), *Latex*

Manuel Agnelli, *Il meraviglioso tubetto*
Jeanette Winterson, *Simmetrie amorose*
William Gibson, *Giù nel cyberspazio*
Guy Kennaway, *Giamaica*
Susan Minot, *Incantamento*
Philip K. Dick, *Trilogia di Valis*
Octavio Paz, *Chuang-Tzu*
Linn Ullmann, *Prima che tu dorma*
Viktor Pelevin, *Un problema di lupi mannari nella Russia centrale*
Link Project, *Netmage*
Pamela Moore, *E i piccioni di St. Mark's Place*
John Lennon, *Niente mosche su Frank*
Cristina Donà, *Appena sotto le nuvole*
Edoardo Albinati, *Maggio selvaggio*
La Crus, *Crocevia*
Jeanette Winterson, *Il mondo e altri luoghi*
Giuseppe Genna, *Catrame*
AA.VV., *American Pulp*
AA.VV., *Italia odia*
Moni Ovadia, *Speriamo che tenga*
Ray Bradbury, *Io canto il corpo elettrico!*
Giuseppe Montesano, *A capofitto*
Susan Minot, *Desideri*
Andrea G. Pinketts, *Il dente del pregiudizio*
Jeanette Winterson, *Passione*
Keith Haring, *Diari*
John Hodge, *Trainspotting*
Berbera & Hyde (a cura di), *Sextoys*
Mauro Covacich, *Anomalie*
Lars von Trier, *Il cinema come Dogma*
Sandro Veronesi, *Gli sfiorati*

Cristina García, *Le sorelle Agüero*
AA.VV., *Zoetrope: All-Story*
Ray Bradbury, *Paese d'ottobre*
William Gibson - Bruce Sterling, *Parco giochi con pena di morte*
Edoardo Albinati, *19*
Subcomandante Marcos, *Racconti per una solitudine insonne*
AA.VV., *Sex & Sushi*
Zadie Smith, *Denti bianchi*
Magdi Allam, *Diario dall'Islam*
Ray Bradbury, *Il grande mondo laggiù*
William Gibson, *Aidoru*
Enrico Brizzi - Lorenzo Marzaduri, *L'altro nome del rock*
Stuart David, *Nalda diceva*
Ray Bradbury, *Il popolo dell'autunno*
William Gibson, *American Acropolis*
Shauna Singh Baldwin, *Quel che il corpo ricorda*
Professor Bad Trip, *Almanacco apocalittico*
Dave Eggers, *L'opera struggente di un formidabile genio*
Rocco Carbone, *L'apparizione*
Andrea G. Pinketts, *Il conto dell'ultima cena*

PICCOLA BIBLIOTECA STRUMENTI
La letteratura italiana raccontata da Giuseppe Petronio
I. La civiltà del Comune
II. La civiltà della corte
III. La civiltà dell'Assolutismo e della Controriforma
IV. Dalla civiltà aristocratica alla civiltà borghese
V. Dalla civiltà borghese alla civiltà di massa

PICCOLA BIBLIOTECA OSCAR

JEANETTE WINTERSON

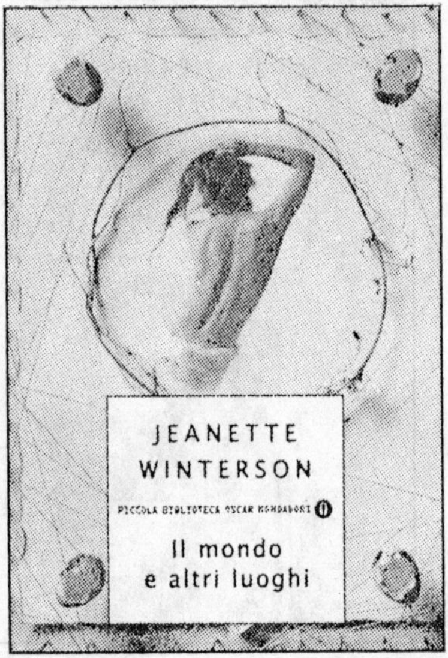

Brevi apologhi e folgoranti allegorie
sulla natura dell'uomo e dell'amore
nei quali la Winterson ci svela
il suo lato più lirico e fantasioso

«Men on men»
a cura di Daniele Scalise
Piccola Biblioteca Oscar
Arnoldo Mondadori Editore

Questo volume è stato stampato
presso Mondadori Printing S.p.A.
Stabilimento NSM - Cles (TN)
Stampato in Italia. Printed in Italy

50509
2002